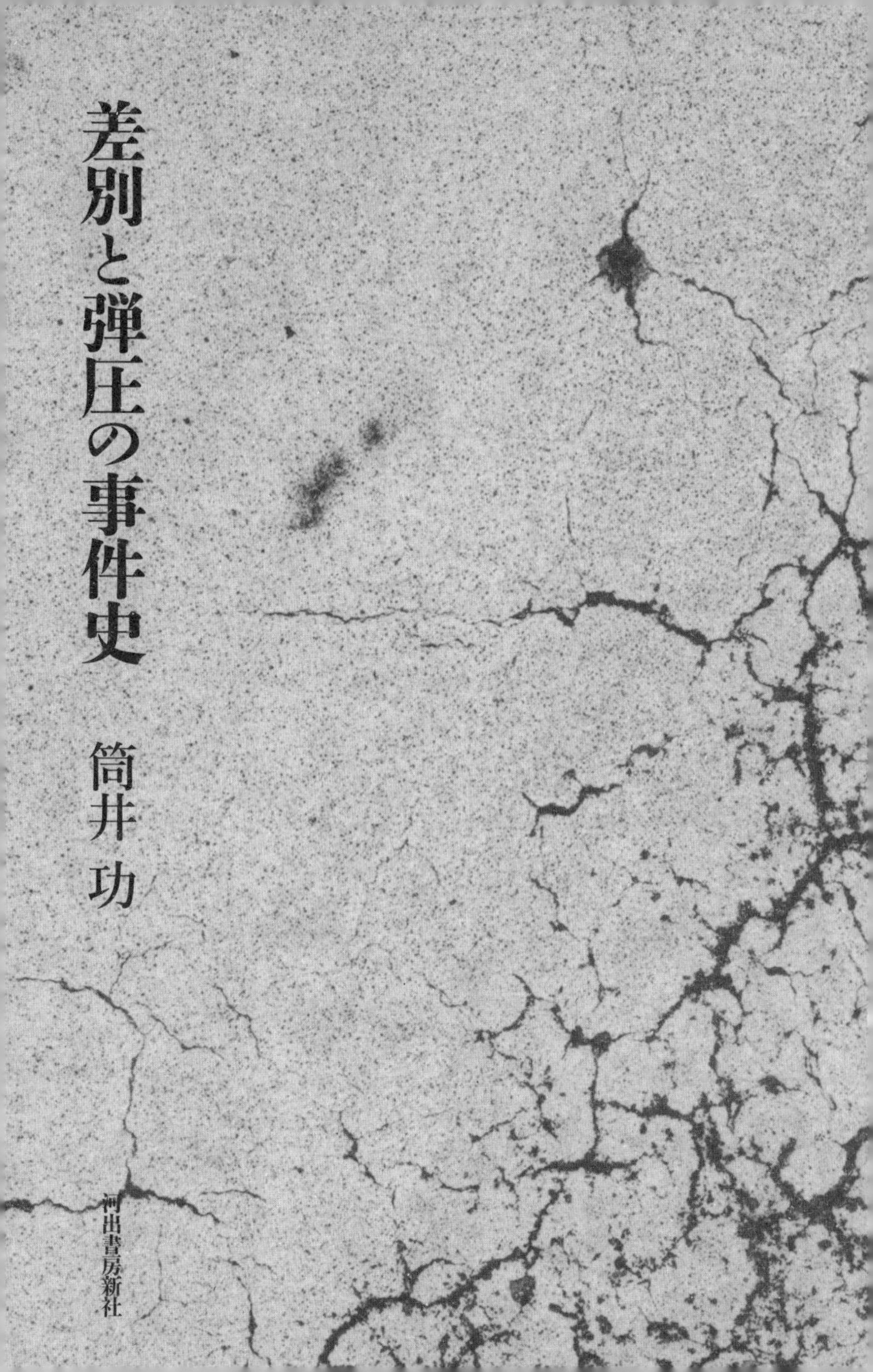

差別と弾圧の事件史

筒井 功

河出書房新社

はじめに

どんな差別もないという社会は、いまのところ世界のどの地域にも存在しないのではないか。日本にもさまざまな種類の差別があったし、現在もある。一方で、すでに過去のものになった差別も少なくない。差別は多くの悲惨な事件を生んできたし、それに反発した被差別者側によって起こされた不幸なできごともあった。

本書は、それらのうちのいくつかをえらんで取上げた一種の事件集である。扱っているのは部落差別、サンカ（特定の生業に従った無籍、非定住の民）差別、朝鮮人差別、番人（非人）差別、キリシタン差別、猿まわし差別、高砂族（台湾の先住民族）差別、アイヌ差別などである。一つの事件をとことん追ったものではないので、いずれについても概要にとどまっている。どれかを詳しく調べた人から見れば、不正確だと感じられたり、どれかにとくに強い関心を抱いている人には、物足りなく思われることだろう。

割合からいえば、部落差別への言及が最も多い。この差別は、日本における社会的差別の核心をなしてきたし、それはおそらく今日でも変わらない。その結果、紙数の半分ほどを費やすことになった。

一読いただけたらすぐわかるように、本書には至るところに、あからさまな差別語が頻出する。これについては本書の性格と目的とするところをご理解いただき寛恕を乞いたい。

なお、文中で用いている「部落」の語は、とくに断りがないかぎり被差別部落を指している。

人名については、この種の著述の慣例に従い原則として、すべて敬称を略させていただいた。

差別と弾圧の事件史

◉

目次

装幀——山元伸子

差別と弾圧の事件史

第一章　周辺住民千余人が部落を襲う　群馬県・世良田村事件

大正十四年（一九二五）一月十八日の夜から翌日未明にかけて、群馬県新田郡世良田《せらだ》村（現太田市世良田町）世良田の小さな被差別部落が千数百人の周辺住民に襲われ、一五人が重軽傷を負い、域内二三戸のうちの一五戸が破壊された事件である。発端は村内での差別発言であり、それに対する部落側の「糾弾」、その糾弾への反発が、起訴された者だけで八二人にもなる大事件をまねいたのだった。背景には、同十一年三月の全国水平社の創立と、同十二年九月の関東大震災のあと結成された世良田村自警団の存在があった。

この衝突は地域社会に長期の分断をもたらしたのみならず、その後の部落解放闘争とくに関東地方の水平運動に深刻な打撃を残した。それは、部落民による糾弾の評価をめぐる問題が初めてはっきりと表面化したできごとでもあった。

1　「俺はチョウリンボウじゃない」

世良田は群馬県の南東部、利根川左岸（北岸）に位置して、対岸は埼玉県深谷市になる。かつては陸路と舟運の要衝として栄え、「お江戸見たけりゃ、世良田へござれ」といわれた時代もあった。

大正十三年十二月三十一日、世良田村三ツ木（現在は伊勢崎市に属している）の室田忠五郎が隣町の佐波郡境町（現伊勢崎市）の田島材木店を訪れた折り、そこの主人から、

「ずいぶん汚れた着物を着ているじゃないか」

と言われる。おそらく二人は軽口をたたき合える仲だったのであろう。室田は、それに対して、あたりはばからぬ大声で、

「着物はぼろでも、俺はチョウリンボウじゃないぞ」

と答えてしまう。このやり取りが、やはり店に来ていた同郡剛志村《たけしむら》（現在の伊勢崎市境上武士《かみたけし》）・境下武士のあたり）の「水平社同人」松野滝次郎（姓のみ仮名）の耳に入ったのだった。剛志村には小規模な部落が二つあり、滝次郎はその大きい方の住民であった。当時、彼らのことを裁判関係の文書などでは、しばしば「水平社同人」と称していた。

「チョウリンボウ」は漢字では「長吏坊」と書ける言葉で、「エタ（穢多）」の別称であり、また蔑称である。長吏は、もとは被差別民の頭《かしら》のみを指していたが、のち全体の呼称にまで広げて用いられるようになる。それに「けちん坊」「甘えん坊」「見え坊（見えん坊）」などの「坊」を付けたのが長吏坊（チョウリンボウ）である。チョウリ、チョウリンボウが皮革系被差別民を意味するもっとも一般的な語になっている地方は少なくない。もちろん激しい賤視の響きがこもっており、面と向かって口にできる言葉ではなかった。

滝次郎が、その場で室田を問い詰めたのかどうか、はっきりしない。そうしていたとしても、一対一の口論で終わったと思われる。いずれであれ、滝次郎は室田の住まいがどこか知っていた

のであろう、明けて一月二日、室田は滝次郎方へ呼び出され、あらかじめ連絡を受けていた剛志村の二つの部落および世良田村のS部落の水平社同人数十人から厳しく糾弾される。その結果、室田は同月中に適当な場所を選び謝罪の「講演会」を自らの費用負担で開くことを約束したのだった。

その際、一部の者が、

「チョウリンボウの着物と貴様らの着物と、どこが違うか」

「広瀬川へ持っていって浸けるぞ」

と言って、室田の頬を殴ったり、胸を小突いたりしたとして、のち五人が脅迫、傷害、監禁の罪で起訴され、いずれも有罪判決を受けている。

室田が講演会を開いていれば世良田村事件は起きなかったはずだが、事態はその方向には進まなかった。右のいきさつを聞いた世良田村自警団の幹部らが、約束は脅迫によるとみなして、取消しを部落側に通告したのである。

同村自警団は大正十二年十二月十七日に組織されている。同年九月一日の関東大震災のあと、とくに朝鮮人の暴動にそなえるという名目で関東各地に自警団が結成されたが、ここの場合、地震から三ヵ月半もたっていた。そうして、設立目的に、

「将来、水平社側から苛酷の糾弾を受ける者あるときには、一般村民が協力してこれを擁護し、なお交渉委員を選んで事件の解決に当たる」

旨を決していたようである。狙いは糾弾対策にあったと思われる。その自警団の出番が結成か

ら一年余りのちに訪れたことになる。

自警団からの通告は当然、部落側の憤激をまねく。剛志村水平社同人の中には、自警団交渉委員の名を挙げて決闘を申し込むと公言したり、また別の委員を名指しして、

「丑吉の野郎を殺す」

と駐在所巡査の面前で放言する者もいた。差別する側と、される側のあいだの緊張は日々、高まっていく。

一般村民側にもなりゆきを憂慮し、何とかことを丸く収めようとする動きはあった。例えば、世良田村長の保坂新助である。保坂は、前約にしたがい講演会を開くべきだと考えて斡旋に当たったが、自警団に強硬な意見をまげない少数の幹部がいて結局、賛成を得られず、その責任をとって辞任してしまう。それは桶のたがが外れたようなものであった。その直後に村内S部落への襲撃が発生したのである。

2　群馬県の水平運動

群馬県は埼玉県、長野県とともに東日本では部落の数が多い県である。昭和十年（一九三五）の調査では二六三地区、同五十年調査では一七〇地区となっている。これは西日本のほとんどの府県と比べてもかなり多いが、一地区当たりの戸数、人口では西日本の大半の府県よりずっと少ない。その平均は前者では一八戸、一一五人、後者では四二戸、一八二人ほどになる。地区数、戸数、人口で二つのあいだに時代の違いだけでは説明がつきにくい差があるのは、昭和十年調査

では、きわめて小規模の「部落」がカウントされているためだと思われる。その中には三戸以下が六十数地区あり、一戸のみというのも二十数地区を数えている。一戸や二戸だと転居してしまえば消滅したことになり、そのまま残っていたとしても、戦後三〇年をへて近隣住民が被差別地区だと意識しなくなっていた可能性もある。とにかく、群馬県にかぎらず東日本では数十戸に満たない部落が圧倒的に多いことが知られている。

群馬県に水平社ができたのは、全国水平社の結成からちょうど一年ほどのちの大正十二年三月である。同県新田郡太田町（現太田市）で関東水平社の創立集会が開かれ、その折り県水平社も発足したのだった。関東水平社の委員長、村岡静五郎《しずごろう》や執行委員の坂本清作が群馬出身であることからもわかるように、同県は関東においては水平運動（部落民自身による解放闘争）の中心地といってよかった。

「糾弾」は、水平社が採用したもっとも重要な闘争方法の一つだった。京都での創立大会では、

「吾々に対し穢多及び特殊部落民等の言行によって侮辱の意志を表示したる時は徹底的糾弾を為す」

と決議している。

初めは対象となった者に謝罪状を配布させたり、新聞に謝罪広告を掲載させたりしていたが、間もなく関東で謝罪講演会を開かせることが始まる。剛志村水平社の同人が室田忠五郎に求めたのも、それであった。

室田は世良田村の住民だった。そのため世良田村自警団が乗り出してきたのである。ところが、

室田の糾弾を主導した剛志村水平社は、そう遠くないとはいえ、隣の佐波郡に所属する。新田郡の世良田村自警団が、そこを襲うというのも妙な話であり、その矛先が村内のS部落に向けられることになったのであろう。室田の糾弾には、Sの住民が加わっていたということもあった。

S地区は世良田村中心部の東のはずれにあって、県道沿いに東西に長く延びている。この道は館林方面と高崎方面を結んで利根川北岸を走る古くからの往還であり、Sはその街道警備をになっていたと思われる。昭和十年調査では主業は農業となっており、副業については記載がないが、実際には機織《はたお》り機《き》の付属品である竹筬《たけおさ》の製造が最重要の生業であった。筬によって生計を支えていた部落は、とくに群馬県では少なくなかった。筬の製造と被差別民との結びつきは全国的に見られたが、同県は養蚕と製糸業の盛んなところで、それが筬の需要を多くしていたのである。

事件が起きた大正十四年当時、S地区の世帯は二三戸、人口は一二五人であった。それから一世紀近くたった現在、戸数はいくぶんか増えている一方、人口は過疎化によって逆に減っているようである。家屋は、おそらくほぼ全部が建て替えられている。ただし、その配置や、あいだの道などはほとんど変わっていない。この部落は前の県道や、そこから直角に延びる路地をはさんで、一般地区に接している。つまり両者合わせて、ひとつづきの住宅地をなしていることになる。この近所に住む者ならみな、どこが境界線か知っているだろうが、外部の人間が見ただけでは全くわからない。その隣人同士がむき出しの敵意をもって衝突したところに、世良田村事件のいっそうの痛ましさがある。

3 「糾弾の恩返しだ、やってしまえ」

世良田村長の保坂新助が辞表を提出した一月十八日、S部落に連なる一般地区の住民四三戸は、事態の切迫を感じて青竹を購入、竹槍を作って不意の攻撃にそなえるとともに、域内の巡回を始める。

ところが、その日はS部落のある家で、たまたま家屋新築の地固めがあり、剛志村水平社の同人を含め数十人が集まっていた。終わったあと、一同は出された酒食を飲食して、こちらもおのずと意気が上がっている。そんな状態のところに、隣の自警団員がうろつく姿を目にする。もはや、一触即発であった。

世良田村S地区の中心部を望む。この路地の両側の家は、ほとんどが襲われた。

夕方、地固めの祝いに来ていた数人が、それぞれ棍棒を手にして様子を見に出かけ、部落内の路地で竹槍を持っている自警団員に出会う。どちらからということはなかったろう、ときをおかずに乱闘となった。しかし、自警団側はすでに臨戦態勢をとっており、たちまち応援が駆けつけてくる。多勢に無勢であった。同人たちは部落の奥へ向かって逃げるしかなかった。

最初の乱闘を目撃した自警団の何人かは、さらに人を集めるため近くの真言宗普門寺へ走って梵鐘を乱打する。わずかな時間に一帯から多数の住民がS地区を目指して集合する。その数は『部落問題事典』（一九八六年、解放出版社）では三〇〇〇人、のちに前橋地裁新田区裁判所が下した判決では千余人とされている。どちらが実際に近かったのか、いまとなっては判断できるだけの手がかりもないが、S地区はごく狭い範囲を占めるにすぎず、まわりの道路や空き地に三〇〇〇もの人間が詰めかけるのは難しいような印象を受ける。

とにかく、少なくとも一〇〇〇人を超す住民がS部落を取囲んで封鎖したのである。そうして、

「チョウリンボウ出てこい」

「S部落を総攻撃するんだ」

「チョウリンボウをやってしまえ、根絶やしだ」

「恨みをはらすのは、いまだ。いまこそ糾弾の恩返しだ」

などと叫びながら、次々と域内の家を襲っていった。とくに水平運動に熱心だった家の住民を引きずり出し、

「平素、口やかましいことを言いながら、口先ばかりでわびてもすまんぞ」

と難詰して暴行し、また室内に押し入って家具を破壊し、障子を蹴破り、庭先に置いてあった自転車を焚き火に投げ込んだりしたのだった。

狼藉は夜通しつづき、結局、一五人が重軽傷を負い、一五戸が破壊されている。ただし、負傷七人、破壊家屋一二戸とした資料もある。

襲撃側は圧倒的に多数であり、竹槍、鎌、鳶口《とびぐち》などで武装していた。わずか二三戸の住民では抵抗できるものではない。彼らは息をひそめて嵐が過ぎるのを待った。畳をめくって床下に身を

隠した者もいれば、路上で殴られるにまかせた者もいた。自警団員らが去って、あたりに静けさがもどったのは、翌日の未明になってからであった。

事件後、先の糾弾に関連して部落側の五人が、襲撃の責めを問われて一般地区の七七人が起訴された。後者の容疑は、すべて刑法の騒擾《そうじょう》罪（現在は騒乱罪の名になっている）違反であった。そのほとんどが農民で、中に少数の自営業者らがまじっていた。いずれも、ふだんは犯罪や暴力とは無縁の実直な生活者たちであったろう。その彼らが深夜、大挙して隣接する地域の住民宅へ襲いかかったのである。そこに差別意識と集団心理の恐ろしさがうかがえる。

事件は大きな反響を呼んで国会でも取上げられたが、確定した刑罰は意外なほど軽かった。大半が罰金のみで、懲役刑は一九人、うち一六人に執行猶予が付き、実刑は三人であった。しかも、最高でも六ヵ月にすぎない。一方、脅迫、傷害、監禁の罪に問われた部落側の五人には、いずれも懲役が言い渡され、三人は六ヵ月の実刑とされた。そこには、ある検事が、この事件を取上げた「水平運動並に之に関する研究」と題した文章で、

「徹底的糾弾の薬がききすぎて普通民の反感を買った結果であることは、何人も認むる所である。水平運動に対する頂門の一針であり、暁に響く警鐘であらねばならぬ。心せよ水平社同人、古諺《こげん》に『過ぎたるはなお及ばざるが如し』と、蓋《けだ》し名言なる哉」

と記したような姿勢があったと思われる。

4　事件前後の解放闘争

大正十二年三月に結成された群馬県水平社は、全国水平社と同じように「糾弾」を重要な闘争方法にしていた。従来の差別を耐え忍ぶ姿勢から、侮辱を受けたときには「徹底的な糾弾をなす」方針に転換したのである。

これによってまず起きた事件に、同年四月の烏淵《うぶち》村役場の襲撃と七月の高崎区裁判所の占拠があった。前者は四月二十三日、西群馬郡倉田村（現高崎市倉渕町）の水平社同人が村内で大会を開いた際、隣の烏淵村の吏員を招いたのに、だれも出席しなかったことに怒り、大挙して役場に押しかけ助役ら二人を殴打し、役場のガラス戸を叩き割った事件である。後者は七月七日、碓氷郡里見村（現高崎市上、中、下里見町）の水平社員が、ある村民の差別発言を糾弾中、けがを負わせたとして起訴されたことに抗議し、三〇〇人が高崎区裁に押しかけて庁舎を占拠した事件である。その過激な行動は、発足したばかりの水平社運動の高揚感を背景にしていたことは間違いあるまい。

『群馬県史　通史編7』によると、県内の糾弾件数は、

・大正十二年　八九件
・同十三年　　三七件
・同十四年　　四〇件

が記録されているという。県水平社が組織された年に突出して多かったことがわかる。

世良田村でも、とくに十二年の夏から糾弾が活発に行われるようになり、同年中に小学校の教員や生徒、そのほかの村民ら合わせて十数人が糾弾を受けていた。それが十二月十七日の自警団(自衛団とした資料もある)の結成をうながしたのだろう。申し合わせでは、何かが起きたときには全戸四三九戸から一人ずつ出動することになっていた。これでは全面対決にそなえるようなものである。不測の事態を避けるため翌十三年二月、村の助役と小学校の校長が音頭をとり、部落民と一般住民との「融和親睦会」を開く。これはおそらく、それなりに効果があったのであろう、以後しばらく平穏な状態がつづいていたのだった。

それを破ったのが、大正十四年一月の世良田村事件であった。警察が、この種の衝突を警戒していたことは、報告を受けたあと大量の警察官を動員したことから明らかである。太田警察署と群馬県警は一月十九日の午前零時に六〇人を現場に派遣、同三時には一六〇人、同六時になると四〇〇人に増やしている。そうでありながら、なぜ被害を防ぐことができなかったのか。その理由は、いまひとつはっきりしないが、考えられるのは、警察が集結する前すなわち十八日の深夜までに襲撃がほぼ終わっていたのではないかということである。そうだとすれば、現場到着が遅すぎたことになる。世良田村を管轄する太田警察署は太田町の中心部にあって、S部落までは直線距離だと八キロくらいしか離れていなかった。第一報の直後に一〇人でも二〇人でも急派していたら、事態は違っていたかもしれない。

「警察は襲撃を黙認していたのではないか」

警察の意図的な怠慢を指摘する声は当初からあり、それは必ずしも被害者側にかぎったわけで

もなかったのである。先に引用した文章に見える、

「行きすぎた糾弾に対する頂門の一針」

という気分は、とくに自警団員たちが集まりはじめたころ、やはりあったように思われる。そのうち数が急激に増えて、取締まる側も手が出せなくなったのではないか。とにかく、県内での糾弾件数は翌年以後、

・大正十五年　一一件
・昭和二年　一七件
・同三年　三件

と減少していく。

これには弾圧の強化や融和政策の進捗ということもあったろうが、世良田村事件をきっかけに運動の進め方をめぐって関東水平社が内部分裂し、その結果、運動が衰退していった影響が大きい。当時、県が作成した「水平運動概況」にも、

「此ノ事件（世良田村事件＝引用者）ヲ一期点トシテ水平運動ハ一頓挫ヲ来シ」

と述べられている。

5　一世紀ほどのちの現場周辺

世良田村事件から九三年後の平成三十年六月、わたしはS部落と、その周辺を歩いてみた。

S地区は、かつての農村部に位置するにしては、ごく小さい。南北一〇〇メートル余り、東西

三〇〇メートルほどであろう。戸数は三十数戸のようである。多くの家の姓が、事件で被害を受けた家のそれと一致している。子孫の方々が、いまも住みつづけているのだと思われる。どの家も、とくに小さくも粗末でもないが、豪邸といった感じのものは一軒もない。同和施設らしき建物も見当たらない。

一般地区とは南の片側一車線の県道および、西の車一台が通れるだけの狭い路地をはさんで接している。北と東は農地である。二つの道が交差するところから北東へ斜めに延びた路地があり、ここが部落の中心になる。事件のとき、もっとも大きな被害を受けたのは、この両側の家々であった。

斜めの路地の県道とは反対側の端に、高さ一・七メートルほどの小さな木の鳥居が立ち、その奥に神社型の石の祠が置かれている。どこにも何も書かれていないが、これが部落の氏神の白山神社である。もとは、もう少し西側に祀られていたものを、いまの場所に移したという。

わたしは、祠の前にいた昭和二十三年（一九四八）生まれという男性に声をかけ、

「世良田村事件へのわだかまりは、もうありませんか」

と訊いてみた。

「いまは、ほとんどなくなったと思いますよ。だけど、俺たちが若いころには、まだ残ってましたねえ」

もちろん、このような質問に、ひとことで答えるのが難しいことはわかっていた。わだかまりがあるかどうかには当然、個人差もある。男性も、あるような、ないような気がしていたのでは

ないか。ただ、あからさまな差別に出合うことがなくなっているのは間違いあるまい。

「あのとき、このあたりの家は、ほとんどやられてますよ」

男性は、そうつぶやいたあと、すぐそばの一軒に顔を向けながら、

「あの家も襲われ、みなで畳をめくって床下に隠れたということでしたねえ」

と付け加えた。男性は事件よりずっとのちの生まれだが、子供のころから繰り返し事件の話を耳にしているようだった。

次に一般地区の中にある真言宗普門寺へ行った。事件の夜、自警団側の数人が駆けつけて梵鐘を乱打した寺である。地区民たちは、いったんここに集結し、そのあと一部の者が部落の中や周囲の道に押し寄せたらしい。襲撃側の人数が「千余人」であれ、「三〇〇〇人」であれ、同寺の境内にいつづけた住民を含んでのことではないか。

寺に隣接する墓地には、数百基の墓石が並んでいる。一般地区住民のものもあれば、部落住民のものもあることが、刻まれた姓によってわかる。その配置にも、とくに変わったところはない。ここでは「融和」は完全に実現していることになる。

『部落問題事典』によると、群馬県には新田義貞とのゆかりを伝える部落が多いという。義貞は、いうまでもなく鎌倉幕府を滅ぼした武将である。しかし、のち足利尊氏と対立して各地を転戦しているあいだに、現在の福井県で戦死した。つまり、敗軍の将である。

戦いに敗れた将兵が報復として賤民の地位に落とされ、自分たちはその子孫だとの伝承をもつ被差別部落は各地に少なくない。同県の場合、それを新田氏に結びつける例が、きわだつようで

S部落の氏神の白山神社（写真の右端）。
ほんの祠である。

一般地区にある真言宗普門寺。
ここが襲撃の拠点のようになった。

ある。世良田のS地区も、先祖は義貞の二男新田義興の墓守であったと言い伝えている。

　これらは、ただの荒唐無稽の伝説ともいいきれない。新田氏の本拠地は上野《こうずけ》国新田荘すなわち、いまの太田市の一帯であった。その中心にそびえる大規模な中世の山城跡「金山城」は、これまでのところ新田氏の築城になるという確実な証拠は見つかっていないとされているが、立地と規模から判断して、その可能性が高そうである。前記事典には、

「金山城は部落によって囲まれた山となっている」

と見える。

　江戸時代には廃墟になっていた中世の山城跡のまわりに、穢多村をすき間なく配置しても幕藩権力側にとっては何の意味もなかったはずである。これはやはり、新田一族が敗走・四散したあと、ゆかりの将卒らが新田氏の由緒の地に住みつづけ、やがて賤民に組込まれたと考えてよいのではないか。群馬県の東部には、近世になってここから移住させられた人びとの部落が多いとされている。

　S部落の一角にも、まだ鎌倉幕府が滅びる前、戦費調達のいざこざから新田義貞が幕府執権北条氏被官の黒田彦四郎の首を斬った場

所というのが残っている。そこは今日に至るまで何がしか信仰の対象になっており、Ｓ地区と新田氏とのつながりも単なる伝説とばかりもいえないように思われる。

第二章　警察が細民部落を焼き払う　大分県・的ヶ浜事件

大正十一年（一九二二）三月二十五日の白昼、大分県速見郡別府町的ヶ浜《まとがはま》（現別府市北的ヶ浜町、南的ヶ浜町のあたり）の別府湾に臨んで並んでいた細民たちの小屋およそ二〇棟（居住者百数十人）が、警察によって焼き払われた事件である。その住民は、ほとんどが貧しいながらも竹細工などの生業で暮らしを支える、ごくまっとうな人びとであったとする指摘の一方、多くが「山窩《さんか》」「乞食」などの徒で、その子供らは日常的に湯屋荒らしやかっぱらいをはたらく犯罪者の集団だったとする主に警察側の見方が対立していた。焼き払いの理由についても、近く予定されていた皇族の大分市訪問にそなえて、通路に当たる場所に建つ見苦しい掘立小屋を取り除くためとの立場と、あくまで犯罪予防が目的という取締当局側の言い分が相対していた。たとえ警察の言うとおりであったにせよ、この乱暴すぎる仕打ちは、さすがに広く世間の憤激をまねく結果になったが、ほどなくうやむやのうちに沈静化してしまう。

1　「まあ、真相を聞いて下さい」

的ヶ浜は、ＪＲ別府駅の北東五〇〇メートルくらいに位置する地域で、かつては海沿いの砂浜のあいだに松並木が延びる、なかなかの景勝地であったという。現在、前面は南北に細長い人工海浜になっており、周辺には別府タワーなど各種の観光施設が点在している。関西方面から「泉都」を訪れる者の多くが利用する別府港は、ここから北へ二キロほどにあった。

的ヶ浜に細民たちの小屋が建ちはじめたのは、事件より二十数年ばかり前、明治時代の半ばだったようである。焼き払いが起きたころの新聞記事や警察、行政機関の発言の中では、しばしば「山窩部落」「非人小屋」「乞食部落」などと表現されていた。

大正十一年三月二十五日、その的ヶ浜で何があったのか、まず住民の一人、「的ヶ浜隠士」と名乗る人物の文章にしたがって振り返っておきたい。出典は『近代庶民生活誌』第一一巻（一九九〇年、南博ほか編、三一書房）所収の「別府的ヶ浜事件真相」と題された記録である。それは「真相を先ア《まあ》聞いて下さい」の書き出しで始まっている。

午前一〇時ごろ、「十二、三人の制服巡査と、私服の刑事一人とを別府署の栗林部長が引率してきて」、住民たちに告げた。

「お前たちは、もうここにおることはならん。いますぐ立ちのけ。立ちのかんようなら、このまま小屋に火をつけるぞ」

それは全く突然のことで、留守の家もあった。

「いますぐと言われても……みなが帰りしだい何とかいたしますから、少し待って下さい」

「やかましい。何とかしますくらいのことを聞きにきたんじゃない。ぐずぐずせずに、すぐ出ていかんか」

「それでもあなた、荷物もこうしてたくさんありますので……」

「馬鹿、そんなものが何か。捨てていけ」

警察の強硬な態度に、小屋の人びとはやむなく荷物を片づけだした。しかし、せきたてられても行くところもないのだから、その動作はのろのろとしていた。そのうち昼飯どきになった。

「早く片づけて置けよ」

そう言い残して警察は、いったん浜から立ち去った。

彼らが引き返してきたのは午後一時ごろである。「町の掃除人夫」を連れていた。

「まだ、ぐずぐずしておったのか。早く小屋も壊してしまえ」

「わたしは自分の家は、よう壊しません。あなた方が勝手にしたらいいでしょう」住民の一人が、そう反論した。

「何を生意気なことを言うか。おい、そのまま火をつけてしまえ」

警察は人夫たちに命じた。

「ちょっと待って下さい。小屋の材木は地主からの借り物ですよ。焼かれては困ります」

「ええい、面倒だ。打ち壊して焼け」

警察は、持っていたサーベルで小屋を壊しはじめた。そばで見ていた近所の少年を屋根に上がらせて覆いをはぎ取らせた巡査もいた。

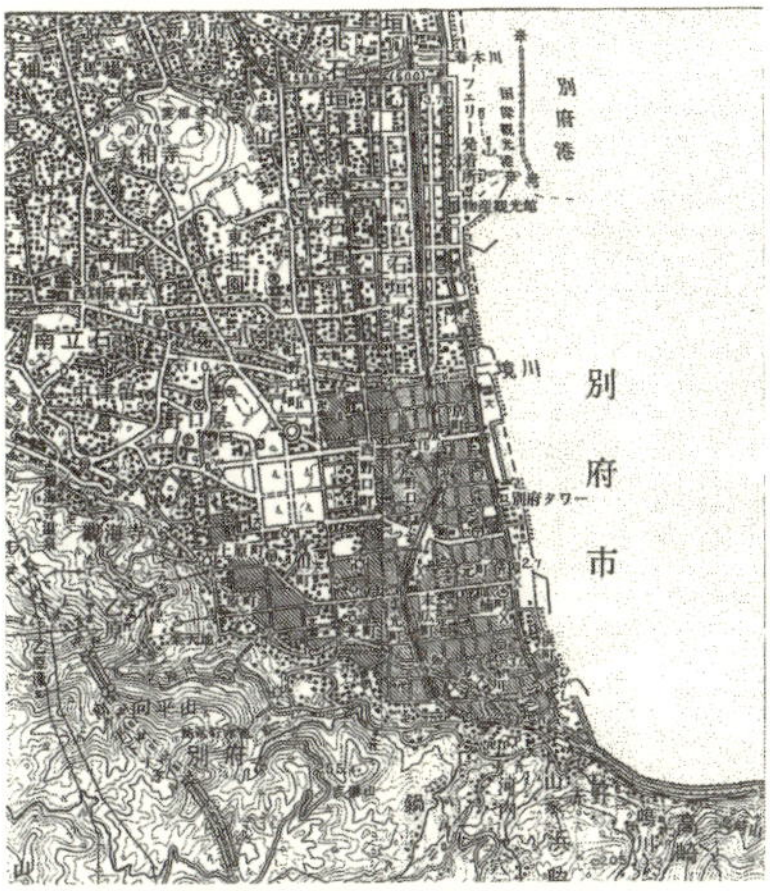

事件現場周辺の地図。中央右寄り、境川と別府タワーのあいだが的ヶ浜である。国土地理院発行の５万分の１図「大分」と「別府」より。

小屋の材料になっていた木材や藁、床の敷き物などは人夫が浜へ集めて焼いた。そのままの状態で火を放たれた小屋もあった。だから、中に置いてあった現金や着物を灰にされた者もいた。

この日、破壊されたり、焼かれたりした小屋は二一棟を数えた。その中には二世帯、三世帯が同居している棟もまじっていた。

2 翌日、残りの小屋も焼く

明けて三月二十六日の午前九時ごろ、警察が再びやってきた。

「お前たち、そこで何をしとるか。早く、どこかへ行け」

「それでもあなた、これだけの荷物ですもの、どうして、そう思うように行かれましょう。行くところが定まるまで、おらしていただかにゃ仕方ありません」

「馬鹿なこと言うな、そんなことができるか。そんなもの捨てといて行け」

双方のやり取りのあいだに、別の巡査が焼け残っていた小屋に火をつける。

警察が的ヶ浜部落を一掃するつもりであったことは、間違いないと思われる。しかし、焼き払われた小屋が全部で何戸であったのか、「事件真相」には記されていない。ただ、的ヶ浜隠士が「御用新聞」と表現する『豊州《ほうしゅう》新報』の二十六日付け紙面から、

「境河原の小屋二十戸焼き払ふ。六十余名の一団逃走す」

という見出しを引用している。境川は的ヶ浜のすぐ北で別府湾にそそぐ小河川である。記事には、

「二十五日午前十時より巡査十数名大挙して同部落を襲ひ、六十余名を追ひ払ひ、掘立小屋二十戸に悉く火を放つ」

旨が書かれていたらしい。的ヶ浜隠士の目から見て、警察側に立っていた同紙でも被害戸数二〇、被害者六〇以上としていたのである。

これに対して、『東京日日新聞』(『毎日新聞』の前身)は三月二十八日付け紙面で、戸数は六〇、その住民は一五〇人と報じている。同日付けの『読売新聞』も、それぞれ六四戸、一二四人としていた。どの記事がより事実に近かったのか、いまとなっては判断は難しい。ただ、既述のように一棟の小屋に二世帯、三世帯が住んでいた例があり、六〇とか六四が正しかったとしても、それは戸数ではなく世帯数だったのではないか。

一方、当局側は事件が大きな問題になるにしたがい、できるだけ被害を小さく見せることに腐心する。彼らが挙げた数字は小屋の総計一九、住民四三で、一軒(もしくは二軒とする報告もあった)は建ったままのところに火をつけ、あとは住民の了解のもとに取り壊したうえ、海岸の一定の場所で焼却したとされたのだった。このうち住民四三は、明らかに実際より少なすぎる。「事件真相」は、救済のため長屋を新設する計画があり(これは結局、実現しなかった)、その第一回収容予定者の姓名と家族数を明記しているが、これだけで一六世帯、八〇人になるからである。被害者が一〇〇人を超していたことは確実であろう。

だが、仮に警察側の数字どおりだったとしても、これは立派な犯罪であった。警察講習所(現在の警察大学校に当たる幹部養成機関)の松井茂所長は、『報知新聞』の記者に「貴紙の特電の如しとせば」と前置きして次のように語っていた。

「たとえ蓆《むしろ》小屋にしても立派に所有権の問題だから、警察の言うがごとく住民が承諾していたなら、その受書でも取っているか、ないしは第三者の証人があるかどうか？　もし、これがなくして高圧的に口頭承諾でも強請して焼き払い、彼らを路頭に迷わせたとすれば実に由々しい問題で、たとえ警官がある善意の目的を掲げてやったとしても、厳正な批判のもとに結末をつけねばならない」

身内でさえ、犯罪の疑いをにおわせていたのである。なお、『報知新聞』は現在は『読売新聞』傘下のスポーツ紙になっているが、当時はもっとも有力な一般紙の一つだった。

的ヶ浜事件は二、三日のうちに全国紙も大きく取上げる問題になる。そのとき警察をはじめとする当局が弁解に用いたのが、まず住民の了解にもとづく処置だったという言い分であった。次が、

「あの部落は山窩および乞食の巣窟《そうくつ》」

「癩病患者もいて衛生上、問題があった」

「多くは菰《こも》、蓆のたぐいをかけただけの非人小屋」

「大部分は山窩であり、焼き払っても差しつかえはない」

などの言い訳である。

警察はとくに、焼き払いの目的は皇族の大分訪問への配慮ではないかという指摘を否定するのに躍起であった。

事件の二週間ほどのち、四月七日に南隣の大分市で日本赤十字社の総会が開かれることになっており、閑院宮載仁《ことひと》親王夫妻が出席予定だった。載仁は生粋の軍人で陸軍大将、元帥であったが、このころ日本赤十字社の総裁にも就いていた。的ヶ浜は、その一行が大分市入りする際の通路に当たるため、

「見苦しい光景を目にされては困ると考えたのではないか」

との疑問が事件直後から出ていた。警察がそれを認めたら、非難の矛先は皇族へも向かうことになりかねない。警察は、そんなことはあり得ないとして、

「これは、ほとんど毎年、実行している風紀および犯罪予防上の措置である」

と説明しつづけたのだった。しかし、それ以前に住まいに火を放つことまでは、したことがなかったようである。

3　真宗僧侶の告発で表面化する

当時、もし別府にある人物がいなかったとしたら、この事件が世間の大問題になることはなかったろう。事件に社会の目を向けさせたのは、もっぱらその男性の熱意であったといっても過言ではなかった。

男性は篠崎蓮乗《れんじょう》といった。篠崎は浄土真宗木辺派の布教師であった。木辺派は「真宗十派」の一つで、滋賀県野洲市の錦織《きんしょく》寺を本山としている。末寺は二〇〇ほど、全部で寺院数二万を軽く超す浄土真宗の宗派の中では、ごく小さな部類に入る。『部落問題事典』によると、愛媛県上浮《うけ》

穴《な》郡の生まれだが、生没年とも不詳とされている。どんないきさつによるのか不明ながら、別府へやってきて当地の被差別部落民の解放運動を手伝っていた。そうして、事件の二ヵ月ばかり前からは的ヶ浜へも姿を見せていたのである。「的ヶ浜隠士」は、実は篠崎のことであった。

篠崎は小屋が焼き払われたとき、その場にはいなかった。どこかへ出かけていたらしい。深夜の一二時近く、『豊州新報』夕刊で何があったのか知り、大急ぎで的ヶ浜へ駆けつけたのだった。翌日は正午ごろ、的ヶ浜へ来ている。これらから考えて、そこで寝起きしていたわけではなかったようである。とにかく篠崎は、

「人民を保護すべき警官が人民の家を焼いた」

と憤激し、『豊州新報』と並ぶ、もう一つの有力地元紙『大分新聞』に働きかけて当局の非を鳴らすとともに、被害住民の救済活動を始める。これが全国各紙へ波及していったのだった。

全国紙の中で、もっとも舌鋒するどく当局を問い詰めたのは『報知新聞』であったろう。同紙は、

「警官に焼き払われた小屋の者たちの多くは、納税もしている正当な住民」

「納税はしていなくても、だいたいが生業をもち正規の手続きを踏んでいる寄留者」

「当局は現地を町の共有地と称しているが、大部分は私有地で地代も払っている」

と警察側の不当を訴える記事を繰り返し載せていた。

これに対して『大阪朝日新聞』(『朝日新聞』の前身)などは住民側に冷淡であった。

「焼却小屋数は十戸くらいで、噂はすこぶる誇大に吹聴されている」

「実は警官が乞食に命じ、浮浪人の小屋を取り壊させて海岸で焼き捨てたもの」

「貧民の背後に一種の過激的扇動者があるらしい」

などの記事を載せている。扇動者とは篠崎のことであろう。

両紙の違いには、そのころ激しく対立していた政友会と憲政会との政争が反映されていたかもしれない。当時は政友会が政権をにぎっており、いずれも同会所属の内務大臣・床次《とこなみ》竹二郎、大分県知事・田中千里、検事総長・鈴木喜三郎らは事件の責任を問われる立場にあった。しかし、仮に『大阪朝日』の報道どおりであったとしても、警察の責めはまぬかれるものではない。

篠崎が先頭に立った被害者の救済運動は、初めは順調であった。近くの浄土真宗本願寺派西方寺の住職、速水宗慶などは篠崎がつくった「至心会」なる組織に賛同、同寺境内に長屋を新設して貧民を収容する準備を進めていた。だが、これはすぐに頓挫してしまう。警察から、きわめて厳しい横槍が入ったのである。速水は板ばさみになって、

「わたしは、この事業からいっさい手を引きます。理由は聞かないでほしい」

の言葉を残して姿を隠してしまったのだった。

篠崎は次に大分県仏教連合会、そのあとキリスト教会にもすがったが、どちらもうまくいかなかった。篠崎はなおあきらめず、つづいて結成されたばかりの全国水平社の京都や大阪の大会で事件の報告を行った。しかし、これも結局、的ヶ浜住民たちの実際の救済に結びつくには至らなかった。

発生からわずか一ヵ月余りのちの五月三十日、大分検事局は事件の不起訴を決定、大騒ぎのあ

げく、あっさりと幕が引かれた形になった。理由は「警察の処置は住民の承諾を得ており、いかなる点からも犯罪にはならない」とされた。『報知』などは、それを「予定の筋書きどおり」と書いている。

篠崎蓮乗は別府で挫折したあと、京都府北桑田郡の山間地で部落解放闘争をつづけていたようである。もと大阪市立大学教授、原田伴彦の『差別と部落』（一九八四年、三一書房）によると、同地での山林解放をめぐる糾弾闘争の際、恐喝罪に問われ一年半の実刑判決を受けて服役、いっとき朝鮮にいたが帰国して昭和五年（一九三〇）、裁判で自分に不利な証言をした村の助役らを銃撃して負傷させたという。同書では、その直後、近くの由良川べりでピストル自殺をしたとされている。「三十五歳だった」というから、そのとおりだとすれば明治二十九年（一八九六）の生まれで、的ヶ浜事件のときは数えの二七歳だったことになる。

一方、前記事典には、もと部落解放同盟委員長、朝田善之助の「事件屋的要素があって若い連中には信用がなかった」との評が紹介されている。ただし大正十四年三月、京都市の仏教会館で篠崎が講演中、朝田が靴で篠崎を殴打したことがあり、その辺のもつれが評価に反映しているということはあるかもしれない。

4　住んでいたのは、どんな人びとか

大正十一年三月に結成された全国水平社は、部落民自らによる解放を方針としていた。外部の力を借りる融和を拒否する立場をとったのである。したがって、同人になれるのは被差別部落の

出身者のみということになる。彼らが念頭に置いた部落は、江戸時代の法制上の賤民すなわち穢多、非人につながる人びとの居住地であった。ただ単に差別されていただけの集団、例えば乞食や門付け芸人などは、もし参加を求められたらこばむことまではしなかったかもしれないが、同人として想定していなかったと思われる。

別府市の的ヶ浜は、これまでに述べたことからもわかるように、その意味での部落には当たらなかった。それが、水平社が事件に本腰を入れなかった主な理由だとの指摘もある。たしかに、もし警察が火を放ったのが世良田村事件のS部落のような地区であったとしたら、水平社あげての大規模な闘争になっていたことは間違いあるまい。

的ヶ浜の住民はみな、どこかから流れてきて、とても家とはいえないような小屋を海沿いの松林のあいだに建てて雨露をしのいでいた。諸種の情報を総合すると、その半分以上が竹細工を生業にしていたようである。竹細工も、それで生活できるだけの金を稼げるようになるまでには長い修練がいる。食いつめたからといって、すぐに始められるものではない。

竹細工は、とくに西日本では部落との結びつきが強い。竹細工の村は、ほとんどが部落だといっても過言ではないほどである。的ヶ浜で竹細工を仕事にしていた人たちの大半が、部落の生まれだったかもしれない。彼らは差別に耐えかねて故郷を出たあと、あちこちを転々としたものの結局うらぶれて的ヶ浜にたどり着いた例が多かったのではないか。

ほかに日傭稼ぎや漁業手伝い、大工、左官もいたらしい。ハンセン病者がいたことも確実である。その数は四人ほどで、彼らはおそらく物乞いで暮らしていたろう。当局側は、ハンセン病者がまじっていたことをとらえて、「衛生上の問題があった」と焼き払いを正当化する口実にしていた。

住民で税金を納めている者も少なくなかった。「別府的ヶ浜事件真相」では、七家族、四四人がそうだったとしている。警察は、それに触れることを嫌っていたが、数人の在郷軍人も含まれていた。召集を受けたときには応じる義務をもつ予備の軍人である。無籍者がいたかどうか、はっきりしない。しかし、いたにしても、わずかな数であった。

彼らは全部が、公有地を無断で占拠していたわけではない。的ヶ浜には別府町の共有地もあったが、私有地もあった。私有地では坪あたり年に一三銭から七銭の地代を払っていたようである。要するに、的ヶ浜は第二次大戦前には各地に珍しくなかった細民部落としては、かなりまっとうな部類に入っていた。

それでも、警察にはその存在がじゃまでしかたなかったらしい。それは国家権力の側にある組織の本能のようなものだといえる。だから、自ら認めているように、

「ほぼ毎年、住民たちを追い払っていた」

のである。戦前は、その種の措置を「山窩狩り」とか「乞食狩り」と称していた。警察は事件が大きな問題になってから、しきりに、

「当該地は山窩部落、乞食部落」

だと弁解していたが、そこには、

「だから、どこでもやっていることで、とくに騒ぐほどのことではない」

と言いたい気持ちがあったに違いない。

当局側にかぎらず新聞も、ここのことをしばしば「山窩部落」と表現していた。明治の後半から大正時代にかけての新聞を見ていると、ときどき「山窩」の文字が出てくる。その意味は書いている記者自身にもよく理解できていなかったようだが、おおよそのところでは、「各地を漂浪しながら犯罪の機会をうかがう危険な無籍者の集団」を指すつもりだったように思える。だが、どう考えても、その理解は的ヶ浜の住民には当てはまりそうにない。

かといって、彼らは民俗研究者たちが「サンカ」の名で呼ぶ人びとからも遠かった。つまり、彼らは犯罪予備軍としての山窩でもなければ、研究者たちのいうサンカでもなかった。的ヶ浜は、その日暮らしの貧しい人びとがねぐらを求めて集まった場所であった。その中には、たしかに乞食もハンセン病者もいた。警察が指摘するように、前科者も、ときに湯屋荒らしやかっぱらいをする者も、まじっていたかもしれない。だが全体としては、そう反社会的な集団ではなかったといえる。

5 「サンカ」の集住地は別にあった

事件当時の新聞には、的ヶ浜を指して「山窩部落」と書いた記事が少なからず見られるが、地元ではだれも、そんな言い方はしていなかったと思われる。もともと九州には「サンカ」なる言葉はなかったからである。

「サンカ」という語が、いわゆる民俗語彙（日常用語）として存在していたのは中国、近畿、中部地方の一部にかぎられていた。今日、その範囲をきっちりと特定することは難しいが、中国地方の東部から近畿地方の西部にかけての地域で、もっとも普通に使われていたようである。そこでのサンカは無籍、非定住の川漁師を意味することが多かった。彼らは江戸時代にはすでに存在していて、そのころの無籍とは人別帳に名が載っていないことである。明治以後に新たな戸籍制度が発足したあとも、それに編入されない例が少なくなかった。

彼らは、あちこちに粗末な小屋をかけたりしながら、ウナギやカメそのほかの川の生き物を捕って村人に売る暮らしをしていた。子供たちは学校に通わず、成人は徴兵の義務を果たさず、税金を払うこともなかった。別に犯罪とのかかわりが深かったわけではないが、近代国家の警察は、無籍というだけで彼らを敵視した。サンカなる語はやがて、そのような状態にある者たちを指す警察部内の隠語として用いられはじめ、しだいに全国の警察へ広がっていく。それが警察取材を通じて新聞記者にも伝わったのである。そのころには、もっぱら「山窩」と書くようになっていた。

一方、関東や九州などには主に農具の箕《み》を製造・修繕・行商しながら、広い範囲を渡り歩く無籍者の集団が古くからあった。彼らには、それぞれの土地での呼び方があり、また生業もサンカとは異なっていた。しかし、無籍、非定住という重要な共通点があったことから、ひとまとめにサンカと呼ばれることになったのである。今日、警察ではもう山窩などといった言葉は使っておらず、いまも文献に見られるサンカは右の意味を込めた研究者用語になっているといってよいだろう。

サンカに当たる集団を、大分県を含め九州では「ヒニン」と言うことが多かった。ヒニンは同県の竹田、豊後大野市あたりでは、昭和三十年代の半ばごろまで昔ながらの暮らしをしていた。

竹田市飛田川《ひだがわ》の稲葉川（大野川の支流）沿いには、彼らの大きな集住地があった。ＪＲ竹田駅の南西一キロほど、稲葉川が北方に向かって口を開けたU字状の屈曲個所に「アシカタブチ」と通称される深い淵があり、そこの河原とそばの岩窟に多いときには六十数人がいた。服部英雄「岩窟に住む家族たち」（『歴史の中のサンカ・被差別民』二〇〇四年、新人物往来社所収）には、この近くの大正六年（一九一七）生まれの男性から聞いた話が紹介されている。

「戦後の国勢調査にいったことがある。昭和三十年ぐらい。ふだんは二十八人、七、八世帯おった。多いときは六十何人おった。／川の反対側にもおったから（それぐらいにはなる）。川の中で飯炊くため、炉を作った。（国勢調査の質問、姓名確認などに）自分では字を書かん。／……字書ききらんのですかねぇ。／勝手なことばっかりいう。Ｙ姓で、なつ、ふゆ、あきとか本当かどうかわからん名前を適当にいう。ＫとＹの二つの苗字だけだった」

大分県竹田市・稲葉川のアシカタブチのあたり。淵は正面に見える道路の敷設で消えてしまい、いまはない。雑木に隠れているが、背後の山の左寄りに岩窟がある。

川の中で飯を炊くとは、河原に設けた炉での煮炊きを指している。

平成二十三年九月、わたしがアシカタブチの下

流二〇〇メートルばかりで出会った昭和十四年（一九三九）生まれの女性は、

「わたしがここ（竹田市天神）へ嫁に来たころには、まだあそこにたくさんのヒニンがいました。あの人たちは、いま竹田のあちこちに分かれて住んでますよ。ときどき見かけることがあります。どこかに勤めたりしてるんじゃないですか」

と話していた。

女性がいつ結婚したのか、つい聞き漏らしたが、おそらく昭和三十年代の半ばにはなっていただろう。そのころでも「たくさんの」ヒニンがいたのである。

竹田、豊後大野両市での合わせて一〇人ほどからの聞取りによると、この地方のヒニンは箕とソウケ（笊の一種）を作って生計を立てていた。箕は桜箕（ヤマザクラの表皮とシノダケなどのヒゴで編んだ箕）で、ソウケは先がつぼまった独特の形のものであった。ある人は、

「両方とも素人には、とても作れない」

と言っていた。技術の習得に長い年月がかかるのである。

彼らは、その細工物の顧客を求めて広い範囲を移動していた。その折りには、川べりの岩窟や岩陰で寝起きすることが多かった。阿蘇山の周辺には、凝灰岩が川水に浸食されてできたその種の穴が至るところにある。彼らは、どこかからやってきて、そこに数日あるいは十数日のあいだ滞在しながら、箕とソウケの注文取りに付近の農家をまわる。一巡したあとは、またどこかへ去っていくのである。

ヒニンは拠点とする集住地をもっていた。たいていは、やはり岩窟か岩陰だが、水の便がよい

場所にささやかな小屋を建てることもあった。製品の需要が落ちる農閑期を、そこで過ごすのである。アシカタブチは、そのような拠点の一つであった。だから、住民が絶えず増減していた。

彼らの顧客であった農民のほとんどが、

「学齢期の子供でも学校へは行っていなかった」

と語っている。彼らは昭和二十年代ごろまで、おおかたが無籍だったと思われる。アシカタブチで国勢調査に当たったことがある先の男性の話は、それを強く示唆している。

別府・的ヶ浜の住民が竹田市や豊後大野市あたりのヒニン、すなわち九州におけるサンカと全く違っていたことは、だれの目にも明らかであろう。

第三章　朝鮮人と間違われて薬行商人が惨殺される　千葉県・福田村事件

大正十二年（一九二三）九月一日の関東大震災の発生から五日後の六日、千葉県東葛飾郡福田村三ツ堀（現野田市三ツ堀）で、行商人の一行一五人が朝鮮人と誤認され、うち九人が自警団に殺された事件である。死者には三人の幼い子供が含まれていた。彼らは、いずれも現香川県三豊《みとよ》市豊中町の被差別部落の住民であり、男女の大人と子供が集団で薬や文房具の小売りをつづけながら遠く関東にまで足をのばし、この日は大八車に荷物を積んで千葉県から茨城県へ移動するところであった。

両県のあいだの利根川を舟で渡ろうとして渡し場に着いた際、自警団員から「朝鮮人ではないか」と疑われて足止めを食い、しばらくのやり取りのあと鳶口《とびぐち》、竹槍、日本刀などで襲撃されたのである。震災直後に、日本在住の朝鮮人が混乱に乗じて暴動を起こすとの流言が飛びかい、関東各県には自警団が結成されて要所で検問に当たっており、それに引っかかったことが発端だった。

1　「言葉がおかしい、朝鮮人ではないか」

香川県の行商人の一行は、事件が起きた六日の午前六時ごろ野田町（現野田市）の市街の西はずれにあった「いばらきや」という木賃宿を出立した。ここには一ヵ月ばかり滞在して、町内を行商にまわっていたようである。商品のうち、もっとも扱い高が多かったのは正露丸で、このほかに頭痛薬、風邪薬などの薬をはじめ湯の花や鉛筆、毛筆用の墨、靴なども持っていた。薬は現香川県坂出市の問屋で仕入れたものらしい。

木賃宿は最下級の宿泊施設であり、いばらきやの場合どうだったかわからないが、宿泊人は大部屋にごろ寝する例が多い。一人が占める空間は畳一枚か二枚くらいにすぎず、あいだには仕切りがないか、せいぜいでついたてが立っているだけである。

彼らは、この宿を拠点にして商売をしていた九月一日に、死者一〇万を超すとされる関東大震災に遭っている。しかし、野田あたりの被害は東京や横浜にくらべればだいぶん軽微で、一行の中でけがをした者はいなかった。

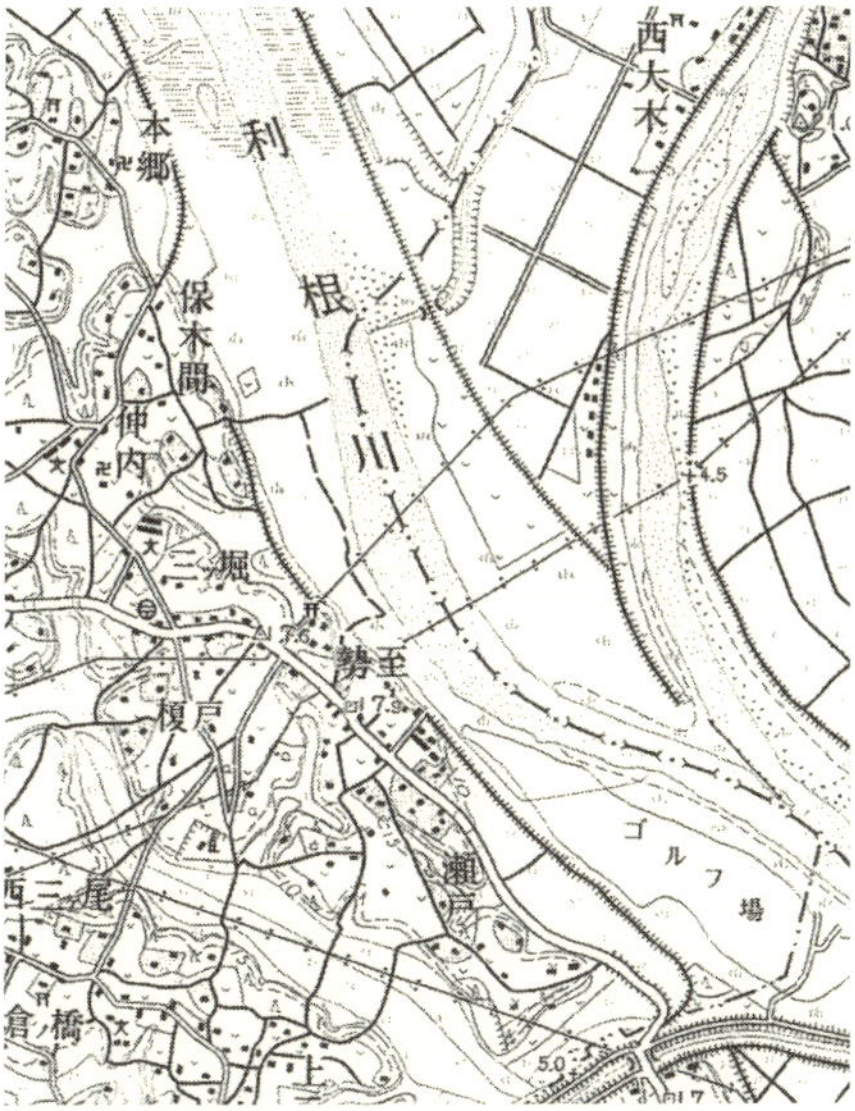

事件現場周辺の地図。中央「勢至」とある場所のすぐ左上に見える神社記号が香取神社になる。国土地理院５万分の１図の「野田」より。

一五人は、野田をひとまわりしおわって隣の茨城県へ「転地」しようとしていた。転地とは次の土地へ行商の場を移すことである。未曾有の大災害からわずか六日目で、世間はまだ落ち着いていなかった。いばらきやの主人は、「余震もあるし、朝鮮人が騒いでいるという噂で過ちが起きやすい。もう少し、ここにいてはどうか。宿賃の支払いは延びてもかまいませんよ」

と転地を遅らせることをすすめた。

一行の支配人は谷岡亀助（姓のみ仮名）といい、二九歳であった。亀助は妻のフジノ（二六歳）と長男（六歳）、長女（四歳）を伴って行商の旅をつづけていた。亀助は、

「わたしらは日本人だ。日本人に危害を加えるようなら、おらんでやる（大声で叫んでやる）」

と答えて宿を出たのだった。その際、宿の主人から大八車《だいはちぐるま》を借りている。大八車は荷物運搬用の大型の二輪車である。亀助は茨城県の、おそらく利根川沿いをまわったあと、またいばらきへ戻ってくるつもりだったと思われる。

茨城県へは利根川を渡らないと行けない。一行は渡し場のある福田村三ツ堀を目指して歩いていった。宿からそこまでは二里半（およそ一〇キロ）ほどの道のりであった。当時、「守谷《もりや》みち」と呼んでいた往還が、野田からほぼ東へ延びており、渡しの先は茨城県北相馬郡守谷町へ通じていた。

彼らは野田の町を移動しているときから自警団の注意を引いていたらしい。何しろ身なりの粗末な者たち一五人の集団である。三ツ堀に着くまでに何度か検問に引っかかったが、その度に日本人であることがわかり、ことなきを得ていたのだった。しかし、三ツ堀の渡しで舟への乗り方をめぐって船頭と言い争いが起き、これが彼らに悲劇をもたらすことになる。支配人の亀助が、

「大八車に荷物を積んだまま舟に乗せてほしい」

と言ったのに対し、船頭は、

「荷物は車から降ろしてくれ。舟に乗るのも二回に分けてもらいたい。最初は車と、それを曳く二人だけで、次の舟で一三人に渡ってもらう」

と譲らなかったのである。亀助としては時間と料金の節約のため、人間と車をいちどきに向こうへ渡したかったのであろう。亀助がなおも自らの言い分にこだわりつづけることに、船頭は腹を立てたのかもしれない。彼は、

「お前たちの言葉は、どうもおかしい。朝鮮人ではないのか」

と言いだしたのだった。

一五人は香川県の人間である。当然、話し方に香川訛りがあった。言い争いになれば、とくにそれが出やすい。船頭が相手を本当に朝鮮人と疑ったのかどうかわからない。あるいは激しい言葉をやり取りしているうち、反感がつのって少し痛めつけてやろうと考えただけかもしれない。とにかく、船頭は二丁（およそ二〇〇メートル）ばかり離れた真言宗豊山《ぶざん》派円福寺まで駆けていって、そこの梵鐘を連打したのである。

かつての「三ツ堀の渡し」付近の利根川。
対岸は茨城県になる。

2　幼児も竹槍で突かれる

鐘が鳴りはじめてすぐ、大勢の地元住民が集まってきた。かろうじて生き残った六人のうちの一人で、そのころ一三歳だった大前春

義はのちに、

「ウンカのように集結してきました」

と語っている。見るみるうちに多人数が押し寄せたということであろう。

何人くらいであったのかははっきりしないが、二〇〇人前後と考えて大過ないらしい。これには南隣の東葛飾郡田中村（現在の柏市北端のあたり）の者が、かなりまじっていた。両村のあいだには利根川と江戸川を結ぶ人工の水路「利根運河」が通じている。その境界から現場まで、直線距離でも二キロほどある。何かあれば、ただちに駆けつける準備をしていたのではないか。あるいは、一五人についての情報がすでに届いており、いつでも三ツ堀の渡しへ急行する態勢がとられていたのかもしれない。いずれであれ、ほぼ全員が竹槍、鳶口、日本刀などを手にしていた。

そのころ一五人は、二手に分かれて身を寄せ合っていた。六人が円福寺に隣接する香取神社の鳥居の周辺に、あとの九人は、そこから数十メートル手前の茶店《ちゃみせ》の床几《しょうぎ》に腰を下ろしていたのだった。殺されたのは茶店の九人であった。その中には支配人の谷岡亀助の一家四人が含まれている。自警団のおおかたは、こちらの方を取囲んで質問を浴びせていたのだと思われる。それに答えていたのは、もっぱら亀助であったろう。質問者たちの中には、野田村の駐在所巡査も加わっていた。駐在所は神社の北西一キロたらずのところにあり、巡査は騒ぎの初めから現場に顔を出していたようである。

亀助は当然、持っていた行商人鑑札を見せたはずである。自分たちがどこの人間で、どこからどこへ何のために旅をつづけているのかも説明したに違いない。そのいずれもが一行が日本人で

あること示していた。だから村の駐在は、

「本官は彼らを日本人だと認める」

と言った。野田村青年団の団長も、

「全員、日本人だろう」

と同じ意見であった。青年団は、自警団の有力な構成団体の一つである。つまり、自警団の幹部にも亀助の言い分に納得した者がいたことになる。ところが、これで話はおさまらなかった。

「本当に日本人かどうか本署の判断を求めるべきだ」

と言い張る者がいて、あとへ引こうとしない。それで巡査は、やむなく野田警察署へ向かったのだった。現場を去るに当たって、

事件現場の現状。正面突き当たりに香取神社の鳥居が見える。

「署の上役は連れてくる。それまでは、だれも手を出すことはならんぞ」

と言い残している。この巡査が自警団の暴走を危惧し、それをなんとか防ごうとしていたことは間違いあるまい。野田署は野田町の市街にあったから二里ほど離れている。惨劇は、警察がその間を往復するあいだに起きた。

大前春義によると、茶店にいた藤沢隆一（一八歳）が近くの家にタバコの火を借りにいこうとして床几から立ったことが引き金になったという。

「おい、逃げるぞ」

「逃がすな、やってしまえ」

の叫び声とともに、まず座ったままの西山実（二四歳）の頭に鳶口が振り下ろされた。鳶口は竹竿の先に、トビのくちばしのような鋭い鉄製の鉤《かぎ》を竿とは直角に付けた道具で、丸太に打ち込んで引っ張ったりするときに使う。西山は、それを頭に叩き込まれ、血しぶきを上げながら昏倒してしまう。あとはもう、修羅場であった。


西山への襲撃を見た藤沢は、そばの藪に逃げ入ったが、すぐに追いつかれ、竹槍で突いたり、鳶口でひっかかれたりした。谷生政市（二九歳）は日本刀で片腕を切り落とされながらも利根川へ逃れ、川の中ほどまで泳いでいったが、命が助かることはなかった。そんな中で、一行を代表して応答に当たっていた亀助が無事でいられるはずはなかった。十数人の竹槍や鳶口が亀助に襲いかかり、彼は血だらけで絶命した。大前は、

「一人に対して一五人も二〇人もかかっていきました。そのため持っていた凶器がぶつかり合ってカチン、カチンと音を立てていました」

と述べている。


茶店にいた九人のうち四人の成人男性を始末したあとは、女性と子供であった。女性は亀助の妻と政市の妻であり、残る三人は二人の幼児たちである。年齢は亀助の子が六歳と四歳、政市の子が二歳であった。自警団の狂気は女、子供にも容赦なく襲いかかり、みな竹槍、鳶口でめっためったにされたうえ、遺体は利根川に投げ込まれた。惨殺されたのは九人だったが、政市の妻イ

ソ（二三歳）は妊娠中であったから、その胎児を含めると死者は一〇人になる。

この虐殺ともいえる襲撃のさなかに、大前は二発の銃声を耳にしている。だれかはわからないが、猟銃で撃たれた者もいたらしい。

3　被差別部落と行商

茶店のあたりで惨劇が始まるとともに、そこから数十メートル離れた香取神社の鳥居のわきにいた六人は太い針金で首と両手を縛られる。茶店では三人の幼児や妊婦まで血にまみれて殺されたのに、鳥居の近くの六人が、なぜ縛られただけだったのか、いまとなっては謎というほかない。しかし、もし駐在が呼びにいった野田署の上司の到着がもう少し遅ければ、彼らも九人と同じ目に遭っていたろう。

本署から駆けつけてきたのは、大前春義によると「部長さん」であった。これは巡査部長を指すと思われるが、名前も所属の部署も明らかでない。部長は双方から話を聞いたあと、自警団員に向かって、

「皆さんは、もう九人を処置しているわけです。残りの六人は針金をほどいて」

と言ったという。彼には駐在の説明によって、一行が日本人であることはわかっていたのではないか。つまり、九人もの人間を誤って殺害したことに、あらかじめ気づいていた可能性が高い。このうえ被害者の数を増やすことなど、とても認められることではなかった。

自警団の方にしたところで、そのころには大部分が行商人たちを朝鮮人ではないと思っていた

かもしれない。それに酸鼻をきわめた殺戮に、自らも目をそむける思いがしていたはずである。彼らもふだんは、ただの善良、愚直な村落生活者ばかりであった。狂気の嵐が過ぎて、やや平静にもどってみると、なお警察の制止を振り切ろうとする者は、ほとんどいなくなっていたようである。警察は六人を保護して野田署へ連れていった。

三ツ堀で自警団に襲われた行商団の団員たちは、月給制で働いていた。主に年齢に応じて一人一五円から二五円をもらっていたらしい。小学校の尋常科を卒業したばかり、まだ一三歳だった大前は一五円であった。当時、小学校教師の初任給が四〇円、日雇いの賃金が一日およそ二円だった。団員の給料を払っていたのは、支配人の谷岡亀助である。それぞれの売り上げは、すべて亀助に渡す。その代わり、亀助は月給を払ったうえ、旅の費用の面倒を見る責めを負っていた。この雇用形態が、亀助に無理をさせることになったのではないか。

大前らは事件の前から、すでに野田町での行商を再開していた。地震後まだ混乱がつづいている中で、各民家を訪問していたのである。その折りにも何度か自警団の詰問を受けていたが、行商人鑑札を示して無事に切り抜けていた。しかし、売り上げはいつもどおりにはいかない。そのあせりもあって、木賃宿の主人の、

「朝鮮人が騒いでいるという噂で過ちが起きやすい。もう少し、ここにいてはどうか」

との忠告を振り切るようにして茨城県への転地に踏み切ったのであろう。

木賃宿を拠点にして一人ひとりが各家を訪ねているうちはたいして目立たなかったかもしれないが、大八車に荷物を満載した一五人の集団となるとそうはいかなかった。とはいえ、とにかく

鑑札を所持しており、また質問に対する答から判断して、おおかたの者には日本人だと考えられていたのではなかったか。現に、福田村の駐在や青年団長も、そう認めていた。ほかの団員たちのほとんども、一五人が朝鮮人にまず間違いないとはみなしていなかったと思われる。それがなぜ、常軌を逸する行動に至ったのだろうか。

まず、彼らは未曾有の大災害後の不安の中で、血祭りにあげる犠牲者を待ち望んでいた。朝鮮人でなくとも、彼らが「不逞」と感じる相手なら、だれでもよかったのではないか。当時、各種の行商人は今日にくらべてはるかに多く、それを迎える人びとのあいだには、

「連中は隙あらば悪さをはたらく」

と信じている向きが少なくなかった。そうして、それが全くの思い込みとのみもいえない現実もあった。要するに、行商人は何によらず、警戒と蔑視の対象になっていたといっても過言ではなかった。

そこには「よそ者差別」も加わっていたに違いない。農村の住民は、どこでも一般に排他意識が強い。どこからか村内へ入り込んでくる人間には、何となくうろんな目を向けがちであった。

このほかに亀助の、

「俺たちは何も悪いことはしていない。だれからも後ろ指をさされるいわれはない」

という強い態度が自警団の反感をまねいていたことも考えられる。

大前は、いばらきやの亭主が止めるのも聞かずに亀助が出発を決めたことについて、

「支配人は厳しい方でした。この人がもう少し穏健だったら私らは、あんな不幸な目に遭ってい

ないと思います」

とさえ語っている。この言葉は、渡し場での船頭とのやり取りも含めてのことであったかもしれない。

一方、亀助にしてみれば一五人の暮らしに責任をもっている立場であり、いつまでも稼ぎの乏しい日々を送ることはできなかったろう。みなにそうそう優しく接するわけにもいかず、それが一三歳の少年には「厳しすぎる」と感じられたのではないか。

香川県の部落では、行商に頼って生活する住民が他の都府県にくらべ目立って多かったようである。全国部落調査の一環として同県で昭和七年（一九三二）に実施された調査でも、主業や副業が「商業」となっている部落が少なからず見られる。その大半が、おそらく「行商」であった。

香川県は全国で最も面積が小さい県である。そのため農地も乏しく、農村型部落であっても農業で生計を立てることは難しかった。皮革関連の仕事の基盤も十分ではなかった。いきおい行商で生きていこうとする者が多くなる。明治の初頭以来それが重なって、県内の有力な部落産業になっていたらしい。

福田村の自警団員らは、一行が被差別部落の住民であることは知らなかったはずである。だから、事件は部落差別によるものではない。ただ、貧しさを背景にした旅暮らしが事件の遠因になったことは間違いあるまい。

4　戒厳令下の自警団

大地震の発生は、大正十二年九月一日の午前一一時五八分ごろであった。

政府は翌二日、東京府の一部に戒厳令を布《し》き、三日には府の全域と神奈川県に範囲を広げ、四日には埼玉、千葉両県も対象に加えている。戒厳令は、軍事力で国民の権利の一部を制限する、一種の超法規的措置である。明治十五年（一八八二）の立法化から敗戦までの六〇年余りで、昭和十一年（一九三六）の「二・二六事件」のときなど、ほんの数回しか布かれていない。第二次大戦前においても、めったに用いるべきではない非常措置だと考えられていたのである。

関東大震災時に、戒厳が宣告されたのは、

「混乱に乗じて在日の朝鮮人が暴動を起こそうとしている」

という予断ないしは先入観が主な理由であった。実際にそのような動きが把握されていたわけではなく、ましてや暴動に類する事実を確認したのでもなかった。治安当局の要職にいた者たちが、たいした根拠もなく、そう予想しただけのことである。

各地の自警団は、それを受けて結成された団体であった。彼らの主体は青年団、在郷軍人会、消防組（今日の消防団に当たる）によって構成されていた。結成はきわめて速やかで、九月四日ごろまでには関東各地に雨後の筍《たけのこ》のように相次いで生まれていた。その数は東京府一一四五、神奈川県六三四、埼玉県三〇〇、千葉県三六四などといった記録もある。

自警団は竹槍、鳶口、棍棒、日本刀などで武装して要所にたむろし、彼らが怪しいと考えた通行人をつかまえては誰何《すいか》した。

日本人と朝鮮人は外観だけで判別することは難しい。それで君が代を歌わせたり、

「十五円五十五銭と言ってみよ」

と、語頭に濁音の付く言葉を発音させたりした。朝鮮語の単語は必ず清音で始まるから、日本語を覚えたあとも「ジュウゴ」といった発音がなかなかできず、「チュウゴ」となりがちな癖をついたのである。

彼らの私的な検問で、朝鮮人と判断された人びとは、その場で香川県の行商人と同じような襲撃を受けた。それは衆を頼んだ虐殺であった。その犠牲者が全体でどれくらいに上ったのか、よくわからない。研究者の中には、在日朝鮮人六五〇〇人、在日中国人七〇〇人という数字を挙げる人もいる。もちろん、それなりの根拠を示しているが、ことの性質上、だれもが納得できる証拠などはない。しかし、仮に犠牲者がこの半分あるいは三分の一であったとしても、そのぶん問題が小さくなるわけではない。

また福田村における行商人のほかにも、朝鮮人と間違われて殺された日本人はいたと思われる。新劇の演出家、俳優だった千田《せんだ》是也《これや》（本名・伊藤圀夫《くにお》、一九〇四―九四年）は、震災直後に住んでいた東京・千駄ヶ谷で自警団の検問に引っかかり危害を加えられそうになったが、たまたま通りかかった知り合いが日本人に間違いないと言ってくれて難をまぬかれたことがあった。芸名は、その経験から「千駄ヶ谷のコリア」の意を込めてつけたといわれる。わたしはいつだったか、本人がどこかの新聞のコラムに、そのいきさつを書いた記事を読んだ記憶がある。千田は偶然に助けられて命拾いをしたが、同じような状況に置かれて惨殺された日本人がいたことは間違いないのではないか。

当時、朝鮮人への警戒をまず呼びかけたのは軍であり警察であった。自警団は、「朝鮮人狩り」は国の公的なお墨付きを得た「自衛」だと受け取ったことだろう。「日本のため」「お国へのご奉公」の意識が、彼らの行動を大胆、無遠慮なものにしていたことは想像に難くない。

そういう事情のもとで、警察も自警団の殺人や暴行を犯罪として追及することは、ほとんどなかった。だが福田村事件の場合は、さすがに放置することは難しかった。何しろ、被害者は日本人で、しかも九人の多数に達していたのである。

この事件では福田村の四人、田中村の四人の計八人が、騒擾《そうじょう》殺人罪で起訴された。このうち一人は懲役二年（執行猶予三年）の二審判決を受け入れたが、あとの七人は大審院まで争った。その結果、懲役三年―同一〇年の実刑が確定した。しかし、それから二年五ヵ月後、全員が昭和天皇の即位にともなう恩赦で釈放されている。

5　事件は朝鮮人への偏見が生んだ

福田村事件については長いあいだ、広く世間に知られることはなかった。

それには当初、朝鮮人襲撃関連の報道を政府が禁じたことも多少は影響しているだろう。しかし、それは決定的な理由ではなかった。被告は公開の裁判にかけられており、第一審が始まった大正十二年十一月二十八日には、すでに報道管制は解かれていた。翌年八月二十九日の大審院判決の際には、

「自警団騒ぎでは最も重い懲役十年」

といった記事が新聞に載っている。事件の隠蔽などはなかったのである。それなのに、これほどの凄惨な殺戮が、なぜ大きな社会問題にならなかったのだろうか。

まず考えられるのは、おそらく数千人規模に上った朝鮮人殺害がある。政府が言うような暴動は全く起きなかった。それにもかかわらず、多数の人間を死に至らしめている。それは政府の旗振りによる大量殺人であった。もし、日本人九人の誤認殺害を問題にすれば、朝鮮人のそれも放置できないことになる。政府は「朝鮮人狩り」ともども、この事件を忘れ去りたかったろう。

それはまた、新聞の姿勢でもあった。前年の大正十一年三月に起きた大分県・的ヶ浜事件や、翌々年一月の群馬県世良田村事件のときには、それなりの論陣を張った新聞が、福田村事件に対しては黙殺に近い態度をとったのである。新聞は震災後の朝鮮人虐殺には、たいした関心は示していない。

「被害者は、どうせ鮮人《せんじん》（朝鮮人への蔑称）ではないか」

という意識からであったに違いない。多くの記者たちが、ほかの国民と同じように朝鮮人への偏見と差別にこりかたまっていたのである。数千人の死に目をつぶって、九人の犠牲を声高に叫ぶわけにもいかなかったと思われる。さらに、

「福田村や田中村の自警団は勘違いをしただけである。それを厳しく追及するのは気の毒だ」

との気持ちもはたらいていたのではないか。

ともあれ、世良田村事件や的ヶ浜事件とくらべてもはるかに悲惨な福田村事件は、いつの間にか人びとの記憶からすっかり消え去っていた。発生から半世紀以上にわたって、どんなに詳細な

年表類にも一行も載ることがない時代がつづいたのだった。これが表面化するきっかけになったのは、昭和五十四年（一九七九）九月一日すなわち震災記念日の『朝日新聞』の報道であった。五十数年前の朝鮮人虐殺を伝える記事を読んだ犠牲者の遺族の一部から、

「日本人も殺されている」

という声が出て、それが部落解放同盟香川県連合会のメンバーの耳に入ったのである。

地道な調査が始まり、事件の概要が『朝日』の紙面に載ったのは同六十一年になってからであった。平成十二年には「千葉県福田村事件真相調査会」も設立され、そのころには千葉県側にも千葉県人権啓発センターなど、調査に協力する組織も現れていた。同センターも印旛郡酒々井《しすい》町の部落内に置かれていることからわかるように、部落解放を主要な目的にした団体である。

つまり、この事件に改めて光が当たったのは、部落解放団体が中心になった調査の結果だといえる。もちろん、それに何の問題もない。ただ、福田村事件の本質は、あくまで朝鮮人弾圧にある。もし、三ツ堀の渡し場近くで惨殺されたのが日本人ではなくて朝鮮人であったとしても、ことの重大性には何らの違いもないはずである。

事件については、なお不明な点が少なくない。本章で記した当日の経過は主として、先の調査会が発行した冊子『福田村事件の真相』（二〇〇一年）所収の「生き残った人の証言」によっている。これは当時一三歳だった大前春義からの聞取りの記録である。この場を借りて参照させていただいたことを感謝申し上げたい。

第四章　「番人」の二つの受難　高知県・膏取《あぶらと》り一揆と松本直吉事件

「穢多」と「非人」は、江戸時代における代表的な賤民呼称である。両集団は原則として、どの地方でも法制上の賤民に位置づけられていた。このほかに同種の身分でありながら、その人びとを全く違う名で呼ぶところもあった。例えば秋田県の「らく」は穢多と、富山、石川県の「藤《とう》内《ない》」や鳥取、島根県の「はちや」は非人と、ほぼ同じ扱いを受けていた。非人を「番非人」「番人」と称した土地も少なくなかった。軽侮の意を込めて「番太《ばんた》」ということもあった。彼らは名前のとおり、さまざまな「番役」を務めていた。牢番、街道の警備、火の用心、乞食などの追い払い、行き倒れ人の遺体の処理、林番、池番、国境の番……など何十種類にも上る。

穢多と非人の人口比は、全国的にみれば前者の方がずっと多かった。少なくとも数倍はいたろう。しかし、千葉県などでは後者の数が上まわっていたようである。逆に高知県には非人はほとんどいなかった。別に「番人」がいて、この県の場合、身分も立場も非人とは大きく異なっていたが、やはり一定の賤視の対象になっていた。本章で取上げるのは、高知県の番人にかかわる事件である。

1　山間での奇妙な蜂起

明治四年（一八七一）十二月、四国山脈中央部の南側に位置する高知県高岡郡、吾川《あがわ》郡、土佐郡の山間部で、かなり大規模な一揆が発生した。「膏取り一揆」と呼ばれている。「膏取り」の名は、一部の首謀者が叫んだ、

「明治新政府の役人は、わが日本人民を外国人に売り渡そうとしている。外国人は、日本人の体から膏を取って栄養にするつもりである」

「高知市の病院のイギリス人医師は、若者を寝台に寝かせて膏をしぼり取っている」

といった旨の檄《げき》によっている。

これは参加者を募り、煽るための過激なスローガンであって、いかに維新後まだ日の浅い山村住民であろうと、多くがそのまま信じていたわけではない。この反政府運動は、実際には徴兵、税の金納、旧藩主の東京移住、外国人の雇用などへの反対を背景としていた。さらに、四民平等すなわち賤民差別廃止への反感も底流にあったとされている。要するに、新時代になじめず、その犠牲になっているという不満が爆発した騒動であった。

膏取り一揆については不明な点が少なくないが、先に挙げた三つの郡のうちのいちばん東側、土佐郡でのおおよその経緯を見ておきたい。舞台となったのは、現在の土佐郡大川村である。同村は平成三十年十月時点での推計人口わずか三八五人、離島や東京電力福島第一原子力発電所事故の影響を受けた地域を除くと、全国でもっとも人口が少ない自治体である。

一揆は、西側の吾川郡方面から土佐郡本川《ほんがわ》村（現吾川郡いの町の最北部一帯）を経て大川村へ波及してきた。このときリーダーとして中切《なかぎり》村（現大川村中切）の士族、山中陣馬（一八三四—

七二年）がかつぎ上げられた。陣馬は何かの役職にいたわけでもなく、一揆に賛同していたのでもない。人品骨柄、衆にすぐれ、このような非常時には、人びとの先頭に立てるのはほかにいないとみなが認めただけのことで、内心では一揆は無謀と考えていたらしい。しかし、すでに村民のあいだには蜂起への参加意思が熱病のように広がっており、十二月三十日の総会で中切村も合流することに決したのだった。

翌五年正月元旦、呼応の準備に取りかかり、血気盛んな青壮年が竹槍、日本刀、猟銃などで武装、住民に参加を呼びかけつつ吉野川に沿ってさかのぼっていき、三日ごろには一〇〇〇人近くに達した。だいたいは現在の大川村域の者たちである。このときには、すでに高知城下から鎮圧隊が向かってくるという情報が入っていたが、一同の気勢は上がる一方であった。これに対し、陣馬は実力行使に反対しつづけたといわれる。しかし説諭はできず、かえって総大将にまつりあげられている。

「政府が何なら。来るなら来い」

と豪語しながら刀を振りまわしたり、銃を発砲する男たちを目にして、このまま勢いにまかせることは危険だと考えたようである。すでに、自分が一命に替えていさめるしかないと決意していたのかもしれない。

四日には政府側の使者三人が現場に到着、陣馬と談判を始めたが決裂している。使者たちは無条件の解散を譲らず、陣馬は「議論をしたい」と言って拒否されたようである。結局、交渉はまとまらず、正面衝突が危惧された六日の未明になって、陣馬がだれにも行方を告げずに姿を消してしまう。中切村で陣馬の割腹自殺体が発見されたのは翌々日であった。

総大将の死によって、残る者たちはたちまち消沈して勝手に引き揚げる参加者が相次いだのだった。これは一揆が、もともと切実な反政府運動ではなく、具体的な要求も明確でなかったからだと思われる。それにしても、一〇〇〇人近い住民がなぜ瞬時に集まり、そして指導者を失ったとたん腰砕けに終わったのか、いまひとつはっきりしない。「膏取り」の名と同様、奇妙な大騒動であったが、現大川村内では陣馬と、もう一人なぜか割腹自殺をした「半狂人」（陣馬のいとこの手記）を除いて死者が出ることはなかった。

2　番人への襲撃、未遂が相次ぐ

「竹槍蓆旗《むしろばた》の本川一揆は、明治四年師走の末から翌明治五年正月六日迄で、自分が十九歳の暮から二十歳の春へかけての事で、一揆の趣旨や目的は不徹底なりしも、血気に逸《はや》る壮年時代の事ではあり、多少剣道の心得もありて面白半分に参加した」

これは大川村の西隣、旧土佐郡本川村から膏取り一気に加わった中野内守典という人物の「本川一揆実録」（三一書房『近代部落史資料集成』第二巻所収）に見える一文である。中野内は山中陣馬に剣道の指導を受けた仲であった。

右の「実録」には、のちの大川、本川両村での番人への襲撃や襲撃計画がいくつか記されている。それを順に紹介すると次のようになる。

・本川村桑瀬《くわぜ》の番人、伊藤祐長は一揆への加担を約束しながら、病中のため（おそらく明治四

年正月元日の）出陣に遅れて現れたことを、このときの首謀者、山中良吾が、

「盟に違いて遅れるとは、横着者ッ」

ととがめ、鉄砲で撃って傷を負わせた。
・翌五年正月二日、良吾を大将とする一揆勢は、本川村寺川の番人、山中猿三郎方の焼打ちに向かった。理由は、
「異人びいきの役人に従い、戸籍調べをし、聾者や盲者まで徴兵の対象にした」

というものであった。良吾は、

「改心しなければ、お前の首をはね、家を焼打ちにする」

と脅したが、猿三郎は庭に蓆を広げ、

「いかにも、わしは戸籍調べもしたし、聾者、盲者にも徴兵の達しをした。だが、それは上司の命に従っただけのことである。不服があるなら上司にかけあえ。それが嫌だというなら、勝手に首をはねるがよい」

と言葉さわやかに答えた。その自若とした態度に一揆団も何もできずに引き揚げた。
・三日には大川村大平の番人、山中左衛門次郎と中野内守賀を、つづいて同村高野の番人、和田庄太郎と同村船戸の番人、和田悦弥太の各家を焼打ちにすることを決した。
しかし、このときには陣馬が総大将に就いており、

「不肖、陣馬が総大将となった以上、焼打ちなどの乱暴はいっさい許さぬ」

と厳命して、左衛門次郎以下への襲撃は実行されなかった。

不思議なのは、「実録」によるかぎり、一揆団の具体的な攻撃目標はもっぱら域内の番人に向けられていたことである。番人退治が蜂起のほとんど唯一の目的の感さえある。これは何を意味しているのだろうか。

大川、本川両村には、穢多村は一ヵ所も存在しなかった。非人も一人もいなかったろう。代わりに、番人が身分上の差別を受けていたようである。彼らの主たる役目は国境警備であった。村のすぐ北には四国山脈の険しく高い尾根が東西に連なり、その向こうは伊予国（愛媛県）になる。

土佐は伊予のほか阿波（徳島県）とも接しており、二つの国境近くの要所には道番所が設けられていた。享保元年（一七一六）で、その数は六三ヵ所と記録されている。その長は庄屋クラスの有力者で、むろん被差別民ではない。だが、末端の実務に当たる番人には近在の穢多村の住民が少なくなかった。高知県にかぎらず、各地の山村部落には、この関所の番人役を務めていた例が多い。ほとんどが小規模で、例えば高知県高岡郡檮原《ゆすはら》村のK部落などは明治六年で一〇戸だった。これでも同種の部落の中では大きい方で、二戸とか三戸とかのところも珍しくなかった。K部落の主要な役目は近くの道番所の番であった。幕末、坂本龍馬が脱藩する際、

「通らせてもらうぜよ」

と言って堂々と番所を通過していったという伝説が残っている。

この部落では、ほぼすべての家が二〇世紀の末ごろまで、十手やさすまたを保存していた。しかし、二一世紀に入って間もなく高知市から骨董商がやってきて残らず買い取っていったということである。

大川、本川両村に穢多村が置かれなかったのは、ここに重要な往還がなかったためかもしれない。この地方の番人は街道警備ではなく、森林盗伐の見張りと取締りを主な役目にしていた。両地区は天然ヒノキなどの美林にめぐまれ、国境を越えて伊予から盗伐に来る者が絶えなかった。番人は、それに対するそなえとして藩に雇われたのであり、もとはただの村民であったろう。先の記録に出てくる番人の姓の伊藤、山中、中野内、和田などは、中世以来この一帯の有力農民に見られるものである。しかし、いつのころからか、ほかの地域の穢多身分の番人との混同が生じ、被差別民のような賤視の対象になっていたと思われる。

「穢多・非人等の身分・職業とも今後、平民同様とする」旨の太政官布告（いわゆる賤民解放令）が発せられたのは、膏取り一揆が始まる四ヵ月余り前の明治四年八月のことである。

これは欧米諸国のあとを追おうとする新生国家にとって、いわば当然の措置であったが、急には受け入れられない保守的な人びとが少なくなかった。そうして、各地で「解放令反対一揆」が起きることになる。膏取り一揆は、新時代への漠然とした不安、不満を背景にしていたろうが、その中には身分制度廃止への抗議が含まれていたといえる。

3　『寺川郷談』に見る番人の暮らし

江戸時代中期、高知城下に春木繁則という下級藩士がいた。宝暦元年（一七五一）から翌年まで一年ほど、現在の吾川郡いの町寺川に山廻《やままわり》役人として赴任し、その折り経験したことを、のちに『寺川郷談』と呼ばれるようになる文章に書き残している。

寺川は、膏取り一揆のとき山中良吾が率いる一団に、徴兵のための戸籍調べをしたと言って、

「首をはねる」

と脅された番人、山中猿三郎が住んでいた村である。

寺川は四国山脈の脊梁直下の標高八〇〇―九〇〇メートルに位置して、四国第一の河川、吉野川の最源流とされる白猪《しらい》谷《だに》の入り口に近い。江戸時代はむろん、いまでも相当の僻地で、わたしが平成二十年に訪ねた当時は一四戸であった。

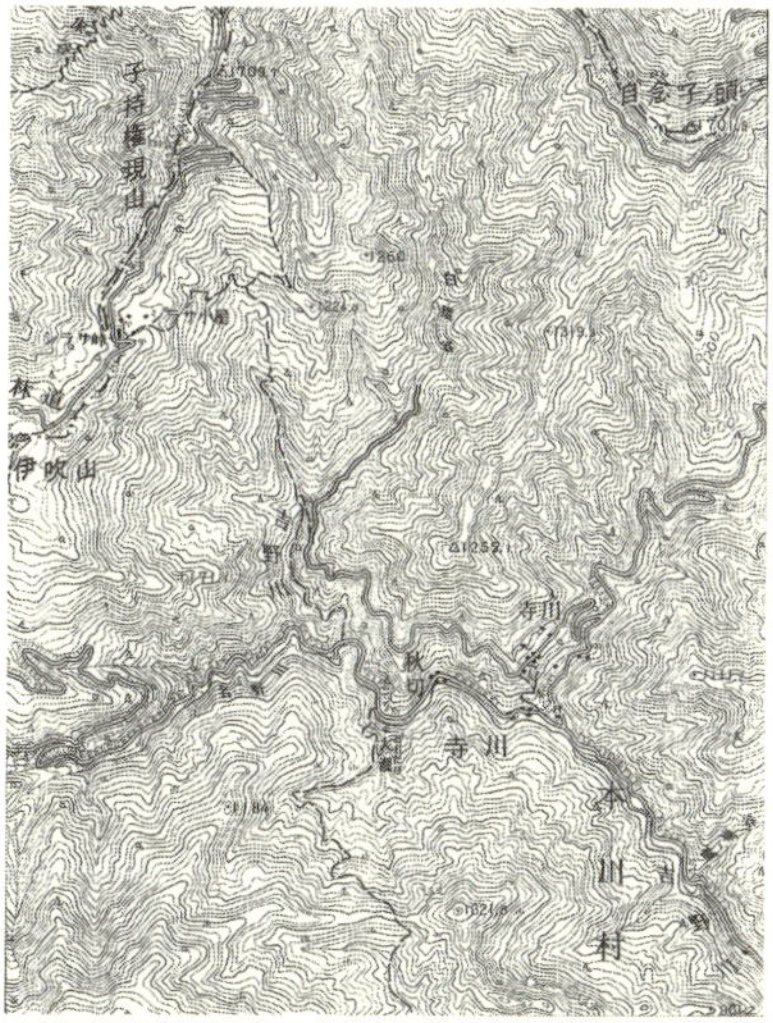

現高知県いの町寺川付近の地図。国土地理院５万分の１図「石鎚山」より。

寺川は、いわば村を挙げて森林盗伐の番に当たっており、その代償として年貢を免除されていた。春木は、その番人を監督する山役人だったことになる。彼は在任中のある日、盗伐人を発見して追い払う際、配下の番人が発射した銃で一人を死なせている。そのいきさつは、現代文に直すと次のようなものだった。

〈旧暦十一月二十二日の午後一〇時ごろ、国境に近い土佐藩領へ一〇人ばかりの盗人が来ていると、遠見小屋の番人が知らせてきた。それで飯米の用意をする一方、寺川の在所に応援を頼んだ。ほどなく屈強の男四、五人が

鉄砲を持って駆けつけたので、彼らを連れて現場へ向かった。雪が六メートルも積もっている真っ暗な中を、相手に気づかれないように灯火をつけず進んでいった。

転んだり、すべり落ちたりしながら、東の空が白みはじめたころ盗伐場所の近くに着いた。見下ろすと、盗人どもはたくさんの木材を一・八メートルくらいに切りそろえ、負い縄を付けて運び出す準備を終えていた。そばで鍋を火にかけ、車座で飯を食っていた。だれも一言も発しない。飯を終わると、それぞれが木材をかつぎ、松明をともして谷へ向かって下りはじめた。

「すわ、時分はよし」

鉄砲上手の者に命じて、先頭を行く者を撃たせたところ腰のあたりに命中、その男は谷川に倒れ込んだ。残りの者たちは、かついでいた木材を放り投げ、松明を水の中へ投げ入れて、ばらばらと逃げ失せた。

ことの次第は城下へ注進したが、人ひとりを殺したせいか、ご褒美はなかった〉

四国で「雪二丈（およそ六メートル）」というのは何かの間違いではないかと思われるかもしれないが、そうではない。現場の尾根筋は低いところでも標高一四〇〇―一五〇〇メートルある。旧暦の十一月二十二日は寒のさなかであり、一八世紀は「小氷河期」といわれるほどの世界的な寒冷期でもあった。

伊予からの盗伐団は、あえてその季節をえらんで国境を越えてきたのであろう。それは文字どおり命がけの、きつく厳しい稼ぎであった。見張る側にしても似たようなものである。遠見小屋があった正確な場所はわからないが、そこの番人は一人か、せいぜい二人くらいで夜を徹して豪雪の山を歩きまわっていたと思われる。そうして、盗伐人を見つけたら寺川へ応援を求めていたのである。盗人が殺されることはときどきあったらしく、『寺川郷談』には、

〈盗人ころす事は節々の事なり。大方寺川の地下人《じげびと》也。寺川は盗人よりもおそろしき事有り。男女共に人柄あしき所也〉

と見えている。

しかし、彼らも盗伐人を殺害することは、できるだけ避けるようにしていた。捕縛した場合、耳をそぎ落として放逐していたようである。その耳は山中の定まった場所に埋め、そこを「耳塚」と呼んでいたといわれる。

4　盗伐人の逆襲に遭って死亡する

森林盗伐は、きわめて頻繁に起きていたらしい。『寺川郷談』では、

〈二、三日に一度、或は一夜に三ヶ所四ヶ所、五人三人盗人のきたらぬ事なし〉

と述べている。

彼らは鉄砲を撃たれたからといって、蜘蛛の子が散らばるように逃げていくとはかぎらなかった。

〈常は鉄炮抱放ち掛《かけ》るとても、さながら逃もせず静に帰《かえる》也〉

というのが、むしろ普通であった。番人側が自分たちを、むやみに狙い撃ちすることはないと知っていたのである。ところが、前述の場合は故意であったか、たまたまのことか一人の腰に弾

が命中したため、にわかに算を乱して遁走したのであろう。

盗伐団は、番人側の態勢や勤務状況にも通じていたに違いない。逆に、ひそかに遠見小屋を見張ったり、番人の動きを監視したりしていたかもしれない。その結果、一人で見まわり中に盗伐を発見、村に応援を求めないで鉄砲を撃って脅すだけのこともあるのに気づいていたようである。そんなときは逃げずに、機会をうかがって逆襲をはかることもあったと思われる。実際、幕末に、それを裏づける事件が起きている。

寺川の村のずっと下、氏神の白髪《しらが》神社から吉野川源流を一キロばかりさかのぼった道路のわきに「松本直吉之墓」がある。そばに説明板があり、次のように記されている。

「藩政時代には、この附近の山は土佐藩が管理し、伐採を禁じていましたが、立派な木が多かったため、他藩の者による盗伐が横行していました。松本直吉は、その取締りを命ぜられていた人ですが、盗伐者を取りおさえようとして気丈にも単身で赴き命を落としました。死後発見され、村人によって手厚く葬られたものです」

道路は、いまは車が通れるだけの幅があるが、その当時は渓流沿いの狭い杣道《そまみち》にすぎなかった。一〇メートル以上も下を吉野川が白いしぶきを上げて流れている。寺川あたりに伝わる話によると、直吉の死体は岩だらけの河原に横たわっていたという。彼は両腕を真横に挙げた格好で、その腕を長い添え木に縛りつけられていた。ちょうどキリストが磔《はりつけ》の刑にされたような姿勢である。一人で討伐団を追い払おうとして、何かの拍子に捕まってしまい、発見時のような形に縛られて放逐されたに違いなかった。

「とっとと消え失せやがれ」
直吉は、そんな罵声を背に受けながら、やっこ凧のような姿で寺川へ向かっていったらしい。国境に通じる杣道は狭くて険しい。何度も転びながら、それでも寺川まであと二キロくらいのところへたどり着けた。そのあたりは吉野川沿いの崖道になっている。カニの横歩きのように、じわじわと道を下っているうち、いま墓のある付近で腕を縛っていた棒が何かに引っかかったか、つまずいて下の岩だらけの河原に転落したと思われる。即死ではなかったとしても、そんな状態で長時間、命を保てるはずはなかった。

それにしても、直吉の墓が事故現場にあって、寺川にないのはなぜだろうか。

直吉は、おそらく寺川の人間ではなかった。大川村や、寺川が位置する旧本川村の一帯には、松本という姓はまずないからである。

寺川の吉野川源流沿いに残る「松本直吉之墓」と、直吉を祀った祠。

どこかからここへやってきて、番人の職を得ていた可能性が高い。あるいは乞食のように村へ流れてきて、人の嫌がる番人に雇われていたのかもしれない。それゆえに、番役でももっとも辛い遠見小屋に勤めていたのではないか。

寺川は江戸時代、村を挙げて番役とくに林番の任を負っていた。しかし、穢多村でも非人部落でもなかった。寺川にかぎったことではないが、大川、本川両村やその周辺の山間地は戦国時代まで兵農が十分に分離しておらず、農民でもみな武装していた。村ごとに住民を統べる長がおり、それを「土居《どい》」と呼んでいた。寺川にももちろん土居がいて、いまでも少し年配の者なら、どの家がそうであったか知っている。ただし、寺川の場合、その家はすでに離村して、子孫は住んでいない。

江戸時代になって旧国主の長宗我部氏に代わり、山内氏が土佐へ入部してくる。その際、土居たちは新国主に忠誠を誓うかぎり従来の地位を認められ、その村の庄屋職に就いた例が多かった。身分は、だいたいは「郷士」とされた。城下の武士と百姓の中間に当たる。膏取り一揆の総大将、山中陣馬もそのような家系の出であったらしく、資料では「士族」となっている。

寺川の身分秩序では、城下から派遣された山廻役人―庄屋（もとの土居）―一般住民とつづき、その下に直吉のような流入者が位置づけられていたのではないか。

墓には、直吉の行年は刻まれていない。村人は彼が何歳か知らなかったのであろう。死亡年も記されていない。これは事件の記憶がうすれたころ墓が建てられたからだと思われる。直吉が最末端の番人であったことは間違いあるまい。

5　なぜ特定の者が狙われたか

既述の中野内守典「本川一揆実録」によれば、山中良吾が率いる膏取り一揆の総勢三〇〇人ほどは明治五年正月二日、寺川村の番人、山中猿三郎方の焼打ちに向かっている。

「異人びいきの役人に加担して戸籍調べをし、聾者や盲者まで徴兵の対象にした」ことが理由であった。これに対して、猿三郎は、

「いかにも、わしはそのとおりのことをした。だが、上司の命に従ったまでのことで、それがけしからんと言うなら、首をはねるなり、家を焼打ちにするなり、勝手にせよ」

と泰然として答えたことは前記のとおりである。

このやり取りによって、一揆団が襲撃対象にしていたのは、寺川村のうちでも猿三郎にかぎられていたことがわかる。江戸時代、寺川は林番の役務を負っていた。その代わりに年貢を免除されていたのである。しかし、村人全部が番人差別を受けていたわけでもないらしい。だからこそ、猿三郎のほかは狙われなかったのであろう。

彼と他の村民との違いは、どこにあったのだろうか。彼は林番もしていたかもしれないが、別に戸籍調べ、つまり戸口の把握、登録に当たっていた。それだけでなく、おそらく村へ出入りする者の監視、警備の仕事もしていたと思われる。それは、のちの警察官の職務に近い。江戸時代には多くの場合、穢多、非人が務めていた役である。だから、明治、大正時代ごろまでは警察官差別というのが残っていた。いや、第二次大戦後になっても消えていなかったらしく、わたしは昭和四十年ごろ、ある新聞で、

「この地方では、村の駐在に対する差別があって、そこに勤務する警察官は村の娘さんとなかなか結婚できない。恋愛関係になっても、親が反対することが多い」

という趣旨の記事を読んだ記憶がある。それがどこでのことか思い出せないが、村落社会ではまま聞かれる話だったのではないか。

膏取り一揆のとき、猿三郎のほかに、

・本川村桑瀬の伊藤祐長
・大川村大平の山中左衛門次郎と中野内守賀
・同村高野の和田庄太郎
・同村船戸の和田悦弥太
が襲われたり、狙われたりしている。いずれも番人であった。

大川、本川両村には穢多村も非人部落もなかった。あれば、その中から番人がえらばれていただろう。右に見える人びとは、もとはみな一般村民だったはずで、先祖の代か当人の時代に藩から番人役を委嘱され、その結果として一定の差別を受けるようになっていたと考えられる。そうして、この山間地でも幕末ごろには「番人」という被差別民が形成されていたことになる。

膏取り一揆の四ヵ月ばかり前に出された「賤民解放令」は当然、土佐山間の番人たちも対象に含んでいた。いや、当の番人たちはもともと自分たちを被差別民だとは思っておらず、解放うんぬんなど気にしていなかったかもしれない。

ところが、新時代への漠然とした不安、不満から起こった一揆は、当初から「趣旨や目的は不徹底」（前記「実録」）で、血気にはやる者たちの矛先は番人に向かっていったのだった。当時、解放令反対一揆は各地で相次いだが、その中でも膏取り一揆は特異な性格の騒動だったようである。

第五章　東北地方のキリシタン弾圧と隠れキリシタン　米沢、一関、会津の場合

わが国におけるキリシタン弾圧と隠れキリシタン（潜伏キリシタン）の歴史といえば、西日本とくに九州と結びつくイメージが強い。この方面で、平成三十年六月にユネスコの世界遺産に登録されたのも、「長崎と天草地方の潜伏キリシタン関連遺産」であった。その対象になった長崎県南島原市南有馬町の原城跡（一六三七年に起きた島原の乱の主要舞台）や、熊本県天草市河浦町の﨑津集落（著名な潜伏キリシタンの村）など一二件は、いずれも長崎、熊本両県内にある。

しかし、キリシタン弾圧は東北地方でも大規模に行われていた。その苛酷さと殉教者の数は九州におとらなかった。むしろ、九州以上であったかもしれない。これは西日本での布教が困難になったあと、宣教師たちが布教の場所を北の辺境の東北に求めたことが、大きな理由の一つだったようである。弾圧の結果として、こちらでも少なからぬ潜伏キリシタンを生んだ。ただ、いまに残る痕跡は九州のように多くはない。本章では、気づいた範囲でそれも紹介することにしたい。

なお、今日、禁教期の江戸時代に、ひそかに信仰をつづけた信徒を「潜伏キリシタン」、解禁されたあとも当時の信仰形態を守りつづけている人びとを「隠れキリシタン」と呼んで両者を区別する場合も少なくない。だが、「潜伏キリシタン」は本来の日常語ではなく、また東北には「隠れキリシタン」の文化は継承されなかったらしいので、以下では隠れキリシタンを潜伏キリシタ

ンの意で用いている。

1　山形・米沢での五七人の処刑

寛永五年十二月十八日は、太陽暦では一六二九年一月十二日になる。真冬のさなかであり、現在の山形県米沢市は深い雪の中にあったろう。

この日、米沢では、ルイス甘糟《あまかす》右衛門信綱ら五七人のキリシタンがいっせいに処刑されている。四七人は、いまの市役所の北西三〇〇メートルほどの「北山原《ほくさんばら》」の刑場（現米沢市金池六―三）で、三人はここから少し南の花沢で、七人は城下南部の南原で刑を執行された。いずれも斬首であった。キリシタンの処刑には、苛烈な拷問のあと火あぶり、磔《はりつけ》、水攻めなどで死に至らせた例が少なくなかった。それにくらべると、米沢藩での死刑はいくぶんか寛容だったといえるかもしれない。

しかし、一度に五七人というのは、元和五年（一六一九）の「京都の大殉教」における五二人（イエズス会側の記録による。「火あぶり六十五、六人」とした日本側の文献もある）や、同八年の「長崎・西坂の大殉教」での五五人などに匹敵する数であった。

米沢藩三〇万石の初代藩主は、謙信の養子の上杉景勝である。景勝はキリスト教に対して寛大であり、慶長十八年（一六一三）、幕府が全国に禁教令を布告したあとも、「領内には一人の切支丹も御座《ござ》なく候」と答えて弾圧はひかえていた。開府後まだ日の浅かった幕府は、景勝の隠然たる力への遠慮もあって、その言い分を黙認していたらしい。

ところが、元和九年に景勝が死ぬと、その重しがとれた格好になる。そのころには、幕府権力も揺るぎないものになっていた。二代目の貞勝に、たとえキリシタン擁護の気があったとしても、もはや父のような態度をつづけることは難しかったのである。

北山原での処刑前、米沢教会には「聖母の組」と「御聖体の組」があり、ルイス甘糟は二つの組を統《す》べる惣親《そうおや》であった。ルイスの父、景継は謙信以来の上杉家の重臣で、上杉家が越後（新潟県）の春日山から陸奥の黒川（現福島県会津若松市）をへて米沢へ移封する際、主家に従って移ってきていた。当然、息子も譜代の臣ということになり、貞勝は何とかしてルイスに棄教させようとした。だが結局、それは実現せず、ルイスの一族七人は、ほかの信者とともに斬首されたのだった。

山形県米沢市の北山原殉教遺跡。キリスト、マリア、ヨハネの像はドイツのカトリック信者から贈られた。

米沢藩の刑場は、その後、城下南部へ移されたこともあって、ルイス甘糟ら四七人が処刑された北山原がどこかさえ、いつのころからか不明になっていた。これを明らかにしたのは、昭和三年（一九二八）、米沢カトリック教会に赴任したシュインテック神父である。現在、刑場跡は「北山原殉教遺跡」として整備され、ドイツの信者から寄贈されたキリスト、マリア、ヨハネの白い像が敷地内に立っている。

東北地方におけるキリシタンの大殉教は西日本にくらべ遅れて

始まるが、その中で現宮城県仙台市・広瀬川での九人の拷問死は最も早い例だったようである。

ポルトガル人のイエズス会宣教師ディエゴ・カルワリオは、現岩手県奥州市水沢区の後藤寿庵の領地を足がかりにして布教をしていた。寿庵は仙台藩主伊達政宗の家臣で、キリシタンであった。元和九年の十二月、カルワリオと信者合わせて一一人が捕えられ、彼らは見せしめに大雪の中を引きまわされる。うち二人は、その途中で歩けなくなり、水沢で斬首された。

残る九人は仙台へ送られ、同年の大みそか（太陽暦では一六二四年二月十八日）、広瀬川の河原で水牢に浸けられた。極寒の季節、河原に掘った「池」の中に裸で入れられたのである。この拷問で二人が命を落としている。これに耐えたカルワリオら七人は四日後、再び同じ拷問を受け、ついに全員が死亡したのだった。犠牲者は水沢での二人を含めて一一人になる。

いま仙台市青葉区桜ヶ岡公園内に「キリシタン殉教碑」が建っている。

なお、カルワリオの布教を助けていた後藤寿庵は広瀬川での拷問には遭っていないが、その後どうなったのかはっきりしない。

2　岩手・一関では三〇〇人以上が殉教する

旧陸奥国の仙台藩領大籠《おおかご》村は、現在の岩手県一関市藤沢町大籠になる。大籠は県の最南部に位置して、宮城県登米市東和町に接している。

大籠では、寛永十五年（一六三八）から翌年にかけてキリシタン三〇〇人以上が処刑された。これは同一地域における一連のキリシタン弾圧としては、わが国で最大の殉教者数のようである。

東北地方のこの一角で、いったい何が起きていたのだろうか。

大籠に多数のキリシタンがいたのは、この地で戦国時代の末期から盛んになったたたら製鉄と深い関係がある。たたらは足踏み式の大きなふいごで、これから送った空気で製鉄炉の温度を高め和鉄を生産する。永禄年間（一五五八―七〇年）、当時の領主だった葛西氏の家臣が、たたら製鉄の先進地、備中国（岡山県西部）から千松《せんまつ》大八郎、小八郎の兄弟を招いて技術指導を受け、本格的なたたら製鉄を始める。

千松兄弟は熱心なキリシタンであった。製鉄技術を学ぼうとする者たちが、まずその感化で信者になった。次に、そのもとで働く農民がつづいた。そのころキリスト教は禁止されていなかったので、たちまちキリシタンが増える。そこへ江戸時代の初期一六一〇年代になって、「孫右衛門」の日本名をもつ宣教師フランシスコ・バヤラスの布教が加わって大籠周辺のキリシタンは最盛時には三万人に達したといわれる。本当にこの数字どおりであったかどうかはともかく、近世初頭、キリスト教に圧迫されて廃絶した寺や神社がいくつもあったことは間違いないらしい。

しかし、元和六年（一六二〇）から風向きが変わる。藩主は伊達氏になっていたが、それとは関係なく、幕府の禁教政策の影響を受けたのである。仙台・広瀬川でディエゴ・カルワリオらが水牢に浸けられて殉教したのは、この四年ほどのちのことであった。

大籠の大弾圧が始まった寛永十五年は、島原の乱が幕府によって鎮圧された年である。前年の十月から一二〇日ほどにわたった日本史上でもまれな反乱は、苛酷な年貢への農民一揆といったような側面もあったろうが、キリシタン弾圧に対する宗教戦争であったことも否定できない。いずれにしろ、幕府はこのときキリシタンたちの死を恐れぬ態度とエネルギーに震撼して翌寛永十六年にはポルトガルとの通商を断ち、いわゆる「鎖国」の時代に入る。それとともに、どの大名も領内のキリシタンにあいまいな姿勢を見せることは、いっさいできなくなったのだった。

大籠では地内の、

・地蔵の辻で一七八人
・上野で九八人
・祭畑《まつりばた》で二三人
・トキゾウ沢で一三人

が処刑されたと伝えている。これに間違いがないとすれば、足かけ二年のあいだに三一二人が殉教したことになる。

もちろん、拷問によって転宗した者は、この何十倍もいたはずである。「隠れた」信者もいたに違いない。平凡社『岩手県の地名』には、

「平田《たいらだ》の星幸夫氏宅の二階座敷には隠れキリシタンの礼拝堂が設けられていた。集会時には屋根に三本の御幣を立てて近隣に合図をしたと言伝えられる」

と見えている。現一関市藤沢町徳田字平田は、大籠の中心部から北へ九キロばかりの山中になる。

大籠には当然、キリシタン関連の遺跡が少なくない。現在、大籠字右名沢《うなざわ》に大籠キリシタン殉教公園が造られ、園内に大籠キリシタン資料館と大籠殉教記念クルス館ができており、かつての

弾圧の歴史を伝えている。

また、昭和四十二年十一月、字千松の大穴沢で、アコヤ貝にキリスト復活の絵を彫刻した「メダイ」が発見され、鑑定の結果、一六世紀後半の作であることがわかったという。メダイは英語のメダルに当たるポルトガル語で、キリスト教ではキリストやマリアらを彫った聖品を指すことが多い。

なお、現藤沢町の一帯は砂金採掘の盛んなところでもあった。文禄三年（一五九四）には、豊臣秀吉が派遣した金山奉行の統制に反対して隣の現一関市千厩《せんまや》町千厩を中心に金掘り人三〇〇〇人余りが一揆を起こし、首謀者ら四四人が処刑されている。

3 福島・会津若松とキリシタン

近江国（滋賀県）蒲生《がもう》生まれの戦国武将、蒲生氏郷が陸奥国の黒川城（現福島県会津若松市の会津若松城＝鶴ヶ城）へ入ったのは、天正十八年（一五九〇）のことであった。伊達政宗に替わり城主となったのである。

氏郷は、レオまたはレオンの洗礼名をもつキリシタン大名として知られていた。彼は領民たちにもキリスト教への改宗を勧め、その結果、現在の会津若松、猪苗代、郡山、三春、二本松、福島などにキリスト教が広まった。おひざ元の若松（氏郷の時代に黒川から改称）では、キリシタンが全住民の三割にのぼったとされている。

蒲生氏が家中騒動で宇都宮（現栃木県）へ移封された慶長三年（一五九八）、上杉景勝が若松藩主となった。既述のように、景勝もキリスト教には寛容であった。上杉氏は、その三年後に米沢へ移され、二代貞勝の時代の寛永五年十二月（太陽暦では一六二九年一月）に、北山原などでルイス甘糟ら五七人を処刑することになる。しかし、これは米沢でのことである。若松のキリシタンは、その後どうなったのだろうか。

会津藩は、蒲生氏の再入部のあと、寛永四年（一六二七）から加藤氏の支配時代へ入る。このころにはもう各地でキリシタン弾圧が相次いでおり、それは東北にも及んでいた。仙台・広瀬川で水牢の拷問のためディエゴ・カルワリオらが殉教したのは元和九年の十二月から翌年一月（一六二四年二月）へかけてであった。

かつてキリシタンの人口比がきわだっていた若松が弾圧をまぬかれるはずはなく、寛永十二年十二月、大量処刑が行われている。その数は同年だけで六〇人を超していたようである。刑場は現会津若松市神指《こうざし》町の黒川（阿賀川水系）の河原であった。

ＪＲ会津若松駅の二キロほど西、黒川をまたぐ国道252号に柳橋がかかっている。別名を「涙橋」という。これは刑場の近くの橋にときどき見られる名で、ほかにも、

・東京都荒川区と台東区の境の泪橋《なみだ》

・同品川区の泪橋

・鹿児島市の涙橋

などの例がある。処刑の日を迎えた罪人が、家族や見送る人びとと最後の別れを惜しむ場所だったことに由来する。

刑場そのものは、ここから北へ二〇〇メートルくらいの河原であったらしい。いま、すぐそばにキリシタン塚が立っている。第二次大戦後、この地で大量の人骨が見つかり、処刑の現場に間違いないとされたのである。

会津・黒川でのキリシタン処刑は寛永十二年末のことであり、同十四年から十五年にかけてが島原の乱、同十五年と十六年（一六三九）に、いまの一関市・大籠で三〇〇人以上が殉教している。以後、日本ではキリシタンの大弾圧は跡を絶ったようである。転宗する者は転宗し、そうでない者は潜伏したことになる。

九州で少なからぬ隠れキリシタン（近年の用語では潜伏キリシタン）が、ひそかに信仰を守りつづけて明治に至ったことは、よく知られており、それを裏づける証拠も珍しくない。それでは、ほかの地方で「隠れた」信者たちは、どうだったのだろうか。この方面の体系的な調査は、おそらくほとんど行われておらず、以下では、わたしがたまたま気づいたわずかな例を取上げてみたい。

福島県会津若松市の黒川にかかる柳橋（涙橋）。この近くで60人以上のキリシタンが処刑された。

4　山村に残る不思議な石祠《せきし》

会津若松城から南西に一〇キロ余り、福島県大沼郡会津美里町旭寺入《あさひてらいり》は、会津盆地が尽きて南方の南会津の山々との境に位置する山村である。

ここの字奉行《あざぶぎょう》に曹洞宗の法蔵寺という無住の寺が

ある。堂宇は小ぢんまりとして、南東側の山を背にして麓に建っている。その向かって左手の林の中に、かなり大きな二本の杉の木が並んで生えており、あいだに高さ一メートル弱の石の祠《ほこら》が見える。

この祠の正面、普通なら観音開きの戸でもはまっていそうなところに四ツ目の窓が付いている。漢字の「田」の形に四つの正方形が刻まれているのである。すなわち、中の縦棒と横棒が十字架の形に浮き上がっていることになる。そのため、これはキリシタンが信仰していたのではないかといわれる。それを裏づける状況証拠もあるが、おそらく隠蔽の必要からであろう、外部には白《しら》山神《やまがみ》の祠だと説明されてきたらしい。何人かの住民によると、

「このあたりの者は白山《はくさん》さまと呼んでますよ。歯痛の神様だと言ってますねえ」

とのことであった。

神社は、それぞれ何か特別のご利益をうたうことが多い。例えば、秋葉神社は全国どこへ行っても火除け（防火）の神とされている。白山はどんないきさつによるか不明だが、各地でしばしば歯痛の神だと信じられている。ここに祠を祀った人びとも、それを知っていたのであろう。あるいはキリシタンでありながら、一方で白山神を信仰していたのかもしれない。

祠がいつできたのかわからない。ただ、その位置から考えて、隣の法蔵寺の鎮守として祀られた可能性がある。同寺は文永六年（一二六九）の開山とされるが、いったん衰微して元和五年（一六一九）に再興されたという。これ以前の一六一三年に幕府は全国に禁教令を布告しており、一六一九年には京都で五二人が殉教している。法蔵寺の退転と再興は、キリシタン大名蒲生氏郷の

会津入部およびその後のキリシタン弾圧と何らかのかかわりがあるのではないか。会津盆地南端に近い旭寺入あたりでも、蒲生氏郷の治世下でキリシタンが急増し、やがて厳しい詮議によって転宗者が続出したものの、少数の者が潜伏していたとしてもおかしくない。同地の「白山さま」が彼らの建立したものだとすれば、表向きは法蔵寺の檀家と白山神社の氏子を称していたと思われる。

　四ツ目窓の石祠は、ここから北へ三キロばかり、会津美里町冨川字冨岡の天台宗福生寺《ふくせいじ》（通称・冨岡観音）の墓地内にも残っている。それは「H家之墓」に接しており、同家が管理してきたようである。

福島県会津美里町の山村に残る四ツ目窓の石祠。地元では「白山さま」と呼んでいる。

　石祠は土台を含めて高さ一・五メートルくらい、ほぼ同じ高さの座禅を組んで合掌した形の石仏と隣り合って建っている。四ツ目窓は白山祠より小さいが、十字架は明瞭に確認できる。隠れキリシタンのメダイ（聖品）と考えて間違いあるまい。これを信仰していた人びとは当然、宗門改め帳のうえでは福生寺の檀家となっていたろう。

　四ツ目窓は、東北地方南部の隠れキリシタンに特徴的な工夫だったふしがある。

　平成二十四年五月、わたしは別の調べごとで半日ほど山形県米沢市を歩いた。その折り同市中央五丁目の臨済宗円覚寺派関興《かんこう》庵の境内墓地を通りすぎたことがあった。深く注意していたわけではないが、四ツ目窓を刻んだ墓石が多いことに気づいた。たぶん一〇基以上はあったと思う。

関興庵は、寛永五年十二月(一六二九年一月)、ルイス甘糟らが処刑された現米沢市金池六丁目の「北山原」から南南西へ六〇〇メートルばかりしか離れていない。もとは越後にあった寺で、そこを菩提寺としていた上杉藩の家老、直江兼続が米沢へ移したものである。兼続の主君、上杉景勝は、

「領内には一人の切支丹も御座なく候」

と言って、キリスト教には同情的であった。これらの事実と、関興庵に四ツ目窓が少なくないことと関連があるのかどうか、わたしにはわからない。

関興庵の周辺は寺院だらけである。米沢の「寺町」だといえる。先の別目的の取材以後、わたしは米沢へ行っていない。まわりの寺を歩いたら、あるいは四ツ目窓がいくらでも見つかるかもしれない。

米沢市から北へ三〇キロほど、山形県西置賜郡白鷹町にもキリシタンの痕跡が、はっきりと残っている。平凡社『山形県の地名』によると、同町佐野原字竹原には「切支丹畑」「切支丹屋敷」と呼ばれるところがあり、キリスト教会の跡地だという。宣教師カルベスがここを拠点に一帯で布教に当たったらしい。町内の高岡と黒鴨《くろがも》では十字架を彫り込んだ木製の像を伝えているそうである。白鷹は米沢と同じく、かつては蒲生氏、次いで上杉氏の領地であったから、いまも仏教寺院が少ないといわれる。

しかし、米沢・北山原などでルイス甘糟ら五七人が処刑されて以来、キリシタン弾圧は白鷹に

も及び、多くは改宗したようである。ルイスらの大殉教から八年後の寛永十三年（一六三六）、佐野原の次左衛門ら四人が現白鷹町十王の新義真言宗称名寺に改宗の起請文を差し出している。だが、この九年後に次左衛門一族は入牢したようなので、隠れキリシタンであることが発覚したのであろう。高岡、黒鴨の十字架を刻んだ木像も、隠れキリシタンたちが厳しい禁教時代にひそかに守りとおして今日まで残ったのではないか。

5　隠れキリシタンと白山信仰

埼玉県幸手《さって》市権現堂の権現堂集落農業センターの前に石仏や石塔が数基、並んでおり、その一基は「マリア地蔵」と呼ばれ、市の有形民俗文化財に指定されている。場所は幸手警察署の北西二〇〇メートルほど、桜の名所として著名な「権現堂《ごんげんどう》堤《つつみ》」に近い。

埼玉県幸手市権現堂のマリア地蔵。錫杖の上部に十字架が刻まれている。

マリア地蔵は、乳児を抱いたお地蔵さん、すなわち子育て地蔵をかたどっているが、左手に持った錫杖《しゃくじょう》の上部には十字架が浮き上がって見える。また、地蔵に向かって左側には「イメス」と刻まれており、これは「イエス」をカムフラージュしたものと考えられている。さらに、蛇や魚の模様もあって、これらはキリスト教のメダイ（聖品）としたものらしい。つまり、お地蔵さんは、この地の隠れキリシタンがキリストを抱いた聖母マリアに見立てて拝んでいたことが確実である。イメスの文字を含む陰刻文には、文政三年（一八二〇）に「子胎延命地蔵《こそだて》」として建立した旨が記されている。

向かって右側には、

「武蔵葛飾郡幸手領上吉羽村一ッ谷出生俗名鳥海久治良」

とある。上吉羽村は現在の幸手市上吉羽で、権現堂の隣の地域になる。一ッ谷は、その中の旧《きゅう》字《あざ》であり、国土地理院の五万分の一地形図にも載っている。

マリア地蔵は、そこで生まれた鳥海久治良なる人物が建てたことがわかる。当然、久治良は隠れキリシタンであったろう。それが露見すれば、おそらく死罪か遠島への流刑にでも処せられていたに違いない。危険を承知のうえで偽装地蔵を拝んでいたはずだから、筋金入りのキリシタンであったと思われる。

地蔵に接して、白山神社の小さな鳥居と祠が建っている。そのような場所に、わざわざ地蔵を祀ったところから考えて、久治良とその一族は白山さまも信仰していた可能性が高い。キリスト教徒が神社の氏子でもあるというのはおかしいといえないこともないが、キリスト教徒であり、かつ固有信仰の信者でもある例は日本ではとくに珍しくなかったのではないか。それに、隠蔽に便利でもあった。とにかく、ここでは福島県会津美里町旭寺入と同じように、隠れキリシタンと白山神社とが結びついていたことになる。

高知市土佐山西川の白山《しらやま》神社も、かすかながら隠れキリシタンとつながっていた痕跡がある。同社は社殿が老朽化したため、平成十七年五月に再建された。それから半年後の十一月、氏子総代の高橋英雄（一九四七年生まれ）は、わたしに次のような話をしていた。

「旧社殿は、たしか明治二十二年か二十三年に建てたと棟札に書いてありましたよ。ほかの村の氏神とくらべて、かなり遅かったようです。その理由について、ここはキリスト教がえらいところで、なかなか神社の社殿を造ろうとしなかったと、何人かの年寄から聞きましたねえ」

キリスト教が「えらい」とは、「勢いが盛ん」といったほどの意味である。確実な証拠はないものの、西川には江戸時代、隠れキリシタンがいて、彼らは同時に村の氏神、白山祠の氏子でもあったらしく思われる。

なお、白山はもとはどこでも「シラヤマ」「シロヤマ」と言っていたろうが、いつのころからか「ハクサン」と音読みする地方が多くなった。八幡（ヤハタ）を「ハチマン」、浅間（アサマ）を「センゲン」、古峰（フルミネ）を「コブ」と発音するようなものである。西川の白山はいまも、氏子たちはだいたいシラヤマと呼んでいる。

長崎県の潜伏キリシタンと白山神社がつながっていた例もある。

平戸市春日町は、世界遺産に登録された一二件のうちの一つで、九州でも代表的な潜伏キリシタンの村であった。信者たちは、キリスト教の信心具すなわちメダイを入れた「納戸神《なんど》」を神棚の横に置いて信仰していた。それとともに、村の東にそびえる安満岳《やすまん》（最高所に三角点がない。五三五メートルほど）に向かっても祈りを欠かさなかった。そうして、同岳の山頂には白山比売《しらやまひめ》神社が祀られているのである。つまり、ここでは白山さまとキリストとが一体化した格好になっていた。

山頂の白山神社近くには、春日の潜伏キリシタンたちが「安満岳の奥の院さま」と称していた石塔と石祠があり、彼らはここへのお参りをよそおってキリストへの祈りをささげていたのである。福島県会津美里町や埼玉県幸手市、高知市土佐山西川での白山さまも同じ役割を果たしていたのではないか。安満岳の北八〇〇メートルくらいには、いまカトリック山野教会がある。

平戸島の北西側、潜伏キリシタンがとりわけ多かったとされる生月《いきつき》島の白山《しらやま》神社（平戸市生月町壱部《いちぶ》）も、似たような位置を占めていたかもしれない。この白山神社は島の東岸の中心集落にあって、現在ここから西へ二〇〇メートルばかりにカトリック壱部協会が建てられている。当然、同社の氏子と潜伏キリシタンは重なっていたろう。

白山信仰は、岐阜・石川県境にそびえる白山（二七〇二メートル）を神体山とする山岳信仰に発している。そのため両県や、そこに近い福井県などには白山神社が多く、離れるほど少なくなる傾向がある。宗教法人名簿に載る二〇〇〇ほどの白山神社のうち、長崎県には七社しかない。九州ではざらに見られる神社とはいえず、右の二つの例には白山信仰と潜伏キリシタンをつなげる何らかの理由が隠されていたこともありえる。

ただし、わたしが気づいた例数はあまりにもわずかで、その関係は単なる偶然の可能性も十分にある。

第六章　賤視と闘った猿まわしの話　山梨県・猿引仙蔵一件

中世の被差別民のありようは、きわめて多様であった。細かく分類すれば、数百集団を数えたろう。砥石研《と》ぎ、蓆《むしろ》打ち（蓆を作る職人）、弓つくり、轆轤師《ろくろし》（木地屋）などから通事（今日の通訳）や薬売り、相撲取りらに至るまで程度の差こそあれ差別の対象になっていた。ほぼすべて「筋が違う」と考えられていたといっても過言ではあるまい。

江戸時代になって、その中の特定の集団が法制上の賤民に位置づけられる。幕藩権力は彼らを一般に「穢多」「非人」と呼んだ。地域によっては「らく」「藤内《とうない》」「はちや」など別の名を付けたところもあった。彼らは、他の身分の者との縁組みを禁じられていた。中世の被差別民で穢多、非人とされなかった集団は一部がいつの間にか賤視を脱し、一部は相変わらず差別されつづけた。後者を「雑種賤民」とか「社会的賤民」と呼ぶことがある。

猿まわしは、多くの藩で幕末まで法制上の賤民とされていた。穢多と同身分とみなす場合が普通であった。そんな時代に、いまの山梨県で差別への闘いを挑んだ猿まわしがいた。本章では、その人物のことを取上げたい。

1　甲斐国（山梨県）の被差別集団

江戸時代、甲斐国は初め徳川一族や譜代大名の統治下に置かれていたが、中期には幕府の直轄領になり、その状態で幕末を迎えた。そのため賤民政策も、おおむね江戸にならっていたようである。

ただし甲斐には、とくに近世の他地方ではほとんど例を見ない「力者《りきしゃ》」という被差別集団が存在した。彼らは江戸期二六〇余年のあいだに少しずつ数を減らし、幕末にはほぼ姿を消している。封建時代でも、きびしい差別の対象になっていた人びとが、いつの間にかその枠組みからはずれる例があったのである。

力者は「力者法師」ともいい、主に中世の畿内での記録に現れる集団であった。その原義は「力役を務める者」の意らしく、公家、武家、寺社などに仕えて駕籠かき、馬の口取り、長刀を持った警護のような仕事をしていた。

その畿内においてさえ彼らへの言及がまれになった江戸時代、東国の甲斐に力者なる身分が存在していた理由は、はっきりしないようである。近世の甲斐の力者には大寺社に奉仕する者と、河川沿いの竹林を管理する者との二つがあった。前者は畿内の力者の系統につながっていると思われる。後者は、河川の氾濫を防ぐため藩が植えさせた竹御林《たけおはやし》（御竹林）の管理を職掌としていた。一種の番人で、「御林番」と呼ばれることもあった。その役目の対価に竹林の利用を認められ、伐採した竹を用いた竹細工で生計を支えていたのである。

力者は百姓（平民）との縁組みや同じ場所への居住を禁じられていた。法制上の賤民に近かったといってよいだろう。『山梨県史　資料編11』によると、領内の力者は享保八年（一七二三）に二四軒、七七人、同十七年には九六人（軒数不明）を数えていたが、文化十一年（一八一四）に八軒（人数不明）に減少、嘉永六年にはわずか二軒、九人になっていたという。実質的には消滅していたことになる。

力者のうち、とくに林番は藩権力との結びつきが強かった。それよりさらに深く藩とつながっていた被差別集団として穢多、非人、猿引があった。彼らはいずれも甲府牢番の支配を受け、力者と違って幕末まで、その数を減らすことはなく、はげしい賤視をまぬかれることもなかった。

明治四年（一八七一）八月、政府は、

「穢多・非人等の身分・職業とも今後、平民同様とする」

旨の太政官布告（いわゆる賤民解放令）を発する。このときをもって、法制度上はわが国からいっさいの被差別身分がなくなったといえる。

しかし、甲斐国ではこれより三年ほど前の慶応四年（明治元年）九月までに、猿引が「新百姓」の身分を藩に認めさせている。しかも、猿を飼うことも旦那場まわりもやめたため、解放令後の穢多・非人の場合とは異なり、実質的な「脱賤民」を急速に果たしていったようである。山梨県では、もう久しい以前から猿まわし差別はなくなっていると考えて誤りあるまい。

ところが一方で、その少数・散在性ゆえに、他地方では早くから系譜をたどれなくなり、結果として賤視対象が消えた格好になった非人差別が、山梨県ではある特別の事情で第二次大戦後まで温存されていた。

明治の初め、新政府の下で警察業務の末端をになった人びとは、地方ごとにさまざまな名で呼ばれていた。捕亡吏、邏卒《らそつ》、巡邏、御廻《おまわり》、取締組などである。しかし、これでは不便で仕方がない。第一、司法省が各府県に布達を出そうとしても、統一的な名称がないと困ることになる。それで政府は明治六年六月、太政官布告で、

「都《すべ》テ番人ト改称致スベシ」

と命じたのだった。

これには各府県から反対の意見が相次ぐ。理由は第四章で述べたように、番人とは江戸時代には多くの地域で、非人と同義の言葉だったからである。その反発の強さに、強権的だった政府も布告の撤回を迫られ、同七年十月、「巡査」に統一して、この語が今日まで使われている。

しかし全国でただ一つ山梨県では、先の太政官布告を忠実に実行するため警察官吏を「番人」と称する代わりに、旧来の番人すなわち非人を「野守」と改めることを県下に通達する。すでに解放令が出ていたのに、

「各村の番人は、これから野守と呼び、番人とはいわないように、子供たちにまでよくよく申し聞かせよ」

と、「管内無洩相達《もれなくあいたつ》」したのである。県ではこれより先に非人の称を廃し、番人と呼ぶべきことを通達していた。

右の措置によって、山梨県では江戸期の「非人」という身分呼称が明治以後、「野守」という

職業名で使われつづけることになったのである。

　平成十九年の秋、わたしが現西八代郡市川三郷町で聞取りをした際、当時九〇歳の男性は、

「この近辺には野守が三人いた。かたまって住んでいたのではない。別々に離れたところに家があった。そのうちの一人はEといい、もとは芦川の土手にいたが、いまは別の場所へ移っている」

と話していた。

　ほかにも山梨県では二一世紀に入ってなお、かつての非人の系譜につながる人びとの動静について知っている年配者が少なくなかった。他府県では、まずないことである。そのほとんど唯一の理由が、明治の初めに発せられた県の通達によっていたのである。

2　穢多と猿引の仕事

千葉県野田市関宿台町に残る刑場跡の碑。江戸時代には、どこの刑場でも被差別民が下役を務めていた。

　甲斐国の地誌『甲斐国志』は全一二四巻、甲府勤番の旗本松平定能《さだまさ》の編纂で文化十一年（一八一四）に成立した。その第一〇一巻「人物部」には、同国の被差別集団について、かなり具体的な記述が見える。そこでは穢多の職掌は、現代文になおすと次のように説明されている。

「囚獄のことにあずかり、牢番人の支配下にあって獄屋の番をしたり、刑場で罪人の進退（処分）に当たる。また戦場に随行して自軍や敵軍の死者・死馬

の片づけをする。そのため府城の近辺あるいは官道の要所に住んでいる。居住地には税がかからない。（甲斐では）白神《しらかみ》と称する神を祀り、昔から皮ぞうりを作ることもしている」

戦場うんぬんは、戦国時代までのことであろう。

これらの文章の前に「古文書によれば牛馬の皮をはぎ、竹皮（タケノコの皮）でぞうりを作ることを業とする」とあるが、編纂当時にどうであったか触れていないのは、あえて書くまでもない自明のことだったからだと思われる。斃《へい》牛馬の処理は、どこにおいても穢多の義務であり、また排他的権利であった。竹皮ぞうりの製造も全国的に、なぜかこの身分の人びとのみがかかわっていた。

囚獄関連が穢多の重要な仕事であったことも、ほかの地域と変わらない。要するに、穢多については甲斐にのみ見られる特徴はなかったようである。

江戸時代の猿引のことを知るうえで、山梨県には二つの重要な資料が残っている。『甲斐国志』と、のちに紹介する「猿引仙蔵一件」である。猿引は猿牽《さるひき》、猿曳《さるひき》とも書き、猿飼、猿屋、猿舞《さるまい》ともいった。今日、猿まわしと呼んでいる職業者に当たるが、彼らの本来の職分は猿をまわせて馬や牛の健康・病気回復を祈ることにあり、中世以前には見せ物・娯楽の側面はほとんどなかった。

『甲斐国志』は、猿引が「もっぱら厩の祈禱を職として馬の病を祈る」理由について、

「猿は馬父と称し馬を制服するのにきわめて妙である」

と語っているだけで、甲斐の猿引がどんなことをしていたのかには言及していない。ただし、

「牢番の者の支配である」

と、その役務の一端を記している。同国志は非人も、

「牢屋の下番を兼ね勤める」

と述べており、猿引は穢多、非人と同じ任に当たっていたことがわかる。

『甲斐国志』には、領内で猿引が居住する村の名と、そこでの戸数、人数が記録されている。一部、戸数または人数を欠くが、わかっているものだけを足すと一四ヵ村で一〇二戸、三一〇人になる。つまり、一九世紀初めごろの甲斐国には、少なくともこれだけの猿引がいたのである。江戸期以前の猿まわしの戸数や人数が、これほど広い地域にわたって具体的に記された文献は、ほかに知られていないのではないか。ただし区域を限定した資料なら、いくらかは残っている。江戸・浅草の「新町《しんちょう》」は、その一例である。

『石山寺縁起絵巻』（1325年ごろの成立）に見える牛馬舎前の猿。猿は牛馬の病気を防ぐと信じられていた。

新町は、現在の東京都台東区今戸一丁目から二丁目にかけて存在していた広さ一万四〇〇〇坪ほどの長方形の町で、「囲内《かこいうち》」とも「穢多村」とも呼ばれていた。そこを統治していた頭を弾左衛門といい、関八州と伊豆国の全域および現在の山梨、福島両県の各一地区、静岡県の二地区に居住する穢多、非人、猿飼を支配下に置いていた。その支配賤民の数は寛政十二年（一八〇〇）で、およそ八〇〇〇戸であった。

新町には同年で穢多二三二軒、猿飼一五軒が住んでいた。ここには、ほかの身分の者は一家族もいなかった。非人は江戸府内の非人

頭の手下《てか》として、あちこちの非人小屋に分散して暮らしていたのである。

新町の住民が穢多と猿飼にかぎられていたことは、両身分が法制上ほとんど同じ扱いを受けていたことを示している。

右の猿飼一五軒というのは、あくまで新町でのことであって、弾左衛門の支配地域にははるかに多い猿飼がいたはずだが、その戸数、人数ともいっさいわからない。

3　村人、猿引仙蔵を糾弾する

甲斐の猿引についての、もう一つの重要資料「猿引仙蔵一件」は、前記『山梨県史　資料編11』に収められている。これは現在の南アルプス市鮎沢の旧家などに保存されていた一五点の、合わせるとかなり長文（刊本で二六ページに及ぶ）の文書群である。

『県史』では、おそらく資料保存者の意向によるのであろう、対象の村名を仮名にしている。しかし、その文献上の価値と、もはや同地で猿引・穢多差別が新たな問題になる可能性はありそうにないことを考えて、ここでは実名に置き換えて記すことにしたい。

鮎沢は山梨県の西部、釜無川と笛吹川との合流点から四キロほど北西の富士川街道（現在の国道52号）沿いに位置する。『甲斐国志』には西郡筋鮎沢村とあり、同国志が編纂された文化十一年（一八一四）当時、村内に七戸の猿引と五戸の穢多（ともに人数は不明）が住んでいた。これは住民の一部であって、ほかにずっと多数の百姓（平民）がいた。他府県とくに近畿地方あたりでは、穢多身分の住民だけで構成される「一村立て」の穢多村がまれにあったが、山梨県にはそのような村は一つもなかった。被差別民の居住区は、いずれも一般村の一部を占めるにすぎなかったのである。このような被差別地区のあり方は、「枝郷体制」と呼ばれる。

いま「猿引仙蔵一件」と総称している古文書の最早期は、安永二年(一七七三)の鮎沢村百姓による「連判帳」である。そこには、近ごろ「猿引・穢多奢《おごり》候ニ付」、村中で相談して彼らに田畑を売ったり、何によらず貸借はいっさいしないことを決めた旨が記されている。

しかし村人たちの攻撃対象は、やがて一人の猿引へと集中していくことになる。寛政五年(一七九三)三月、村内の猿引、仙蔵に対して「奢《おごり》ケ間《がま》敷《しき》儀並衣服(華美な衣服のこと=引用者)」「村方ニ不礼《ぶれい》ケ間敷儀」などを慎み、「医師相止メ可申《もうすべき》事」「見せ店相止メ可申事」を「申渡」たのである。これによって仙蔵が医を業とし、かたわら「見せ店」を経営していたことがわかる。そのため仙蔵は十分な経済力をそなえていたのであろう、絹服などを着用し、村人にぺこぺこすることがなく、それが彼らの妬みと怒りを買ったのであろう。

仙蔵は、この申渡しに「仰渡《おおせわたし》、逐一承知仕《つかまつる》」として、いったんは村人たちの意に従う意思を示した。ところが、仙蔵はすぐに考えなおしたらしく、もとの態度にもどっている。どうやら、いわれのない賤視と闘う決意を抱いたように思われる。それは当然、村人一同の怒りを一層あおることになった。同年五月、彼らは河原部《かわらべ》役所(現在の韮崎市中心部にあった)へ長文の「書付」を差し出し、仙蔵の「不埒」について吟味を訴えたのである。

「書付」の骨子は三月の「申渡」と変わらないが、内容は格段に詳しく、したがって仙蔵の暮らしぶりもよくわかる。その要旨を以下に列挙してみる。

・一八世紀末の寛政五年当時、鮎沢村には「穢多五人、猿引八人、都合家数拾三軒」があった。
・猿引は「猿を飼置、牽之《これをひき》」、居村や他村の旦家《だんか》をまわり、「厩《うまや》祈禱仕、守札等を差出」、その対価に「志之施物」を受け取って生活する者である。
・しかるに仙蔵は、そのようなことはせず、頭を惣髪（医師、山伏などが好んだ髪型）にし、「丹下」と名乗って医療に従うかたわら、薬種・小間物の店を構えて商売をしている。
・さらに美麗の絹服などを着用し、道で村の者に会っても頭巾・傘・高下駄のままで「無礼不届」の態度である。

右の「書付」によると、仙蔵は北山筋中下条《なかしもじょう》村の医師の弟子になり、医術を習得したという。二〇年ばかりのちの『甲斐国志』成立当時、中下条村には一五戸、五三人の穢多が住んでいたこと、医術はしばしば被差別民が業としていたこと、平民の医師であれば猿引を弟子にとるとは考えにくいことなどから、仙蔵の医業の師も彼と同身分の穢多であった可能性が高い。ともあれ、そのころの甲斐国では猿をまわしていたから「猿引」と呼んでいたのではなく、あくまである身分の呼称であったことがわかる。

4　仙蔵の抵抗と挫折

鮎沢村の名主ら村役人たちは、五月の河原部役所への訴状提出前、仙蔵に対して医業と見せ店の禁止および「笹竹戸〆《とじめ》」（閉門処分）を村独自で課していた。

仙蔵は、これらの村方側の措置を不服として、自分たちの支配役所に当たる甲府牢番を通じて甲府勤番に出訴する。甲府勤番は甲斐における最高位の役所で、『甲斐国志』の編纂者、松平定能も、その地位にいたことがあった。仙蔵の訴えには、鮎沢村の八戸の猿引たちの組頭、勝右衛門も加わっていた。つまり、一般村民と猿引身分の者との全面対決になったといってよかった。村内五戸の穢多がどのような態度を取ったのか資料からは明らかでないが、少なくとも心情的には猿引の側に付いていたと思われる。

甲府勤番は何度も双方を呼び出して吟味をつづけることになる。

猿引側の言い分は、自分たちは牢番の下にあって職役を務めている身であるから、村方の指図を受けるいわれはない、今回のような制裁をされると生活ができず、したがって牢屋人足役も果たせない、というものだった。

村方側は、これに対し村に住んで宗門人別帳に登録されている以上、村役人の差配を受ける筋であると反論する。その中で、

「仙蔵は下劣の身分なのに、藩のお役人さまでも着服されないような美服をまとい」

「名主の宅へ玄関から上がり、しかも旦那寺の末寺の住職より上座にすわり」

などの「不埒」「増長」を指摘している。

吟味は必ずしも、一方的に村方の肩をもつものでもなかったらしい。例えば、

「医業禁止などの処分にする前、なぜ牢番に断らなかったのか」

「戸〆を七日と決めておきながら、三日で打ち切ったのはなぜか」

などと村方側は問い詰められている。甲府勤番としても、牢番への配慮を無視することはでき

なかったのであろう。吟味は長引く気配があった。

ところが、提訴から一年余りたった寛政六年（一七九四）七月、実質的に幕を閉じる。仙蔵が駿河国駿東郡中清水村（現静岡県御殿場市中清水）へ医業稼ぎに出かけたきり、帰ってこなかったのである。それは鮎沢村からの出奔にほかならなかった。

寛政八年十月、仙蔵の母かねは、息子がすでに村には居住していないとして、「旧離《きゅうり》帳外」すなわち宗門人別帳からの差し除きを願い出て、それが認められる。もはや訴訟自体が意味をなさなくなったのだった。

かねにはほかに息子はおらず、仙蔵の旧離によって鮎沢村の猿引は七戸になっている。『甲斐国志』の完成は、これから一八年後の文化十一年（一八一四）だが、そこでも同村の猿引は七戸とされており、二つの資料のあいだに食い違いはない。

仙蔵は、なぜ鮎沢村を立ち去ったのだろうか。彼の、これみよがしの美服や、わざと名主宅へ玄関から入っていくふるまいには、明らかに差別・賤視への抗議と抵抗が込められていた。彼は反差別闘争を行っていたといえる。それに対する一般村民側からの反撃は激烈であったに違いない。仙蔵がその圧力に屈する形で駿河国へはしったのは、自らへの風当たりの強さよりも、母や妹、妹婿、親類らに累が及んだことが大きな理由だったかもしれない。

かねや親類が出した仙蔵の「宗門人別差除願」によると、仙蔵はその後も年に一度くらい鮎沢へ帰っていたという。帳外といっても、ちゃんと連絡はついていたのである。

5　甲斐・猿引集団の終焉

『甲斐国志』が成立した文化十一年当時、甲斐国の一四の村に合わせて少なくとも一〇二戸、三一〇人の猿引身分の者がいた。うち二村については戸数、人口とも記載がなく、四村はどちらかが欠けている。したがって、その実数は右より二割か三割は多かったろう。仮に四〇〇人ほどとすれば、ある特定の被差別集団の人口としては決して少なくはない。この猿引の数がほかとくらべて、どの程度の割合で多かったのか、あるいは少なかったのか、他地方の資料がないのでわからない。

甲斐の猿引身分は、江戸時代が終わる前に消滅している。その正確な時期ははっきりしないが、「猿引仙蔵一件」資料の最後に当たる「猿屋の新百姓組込につき連判一札」によると、慶応四年（一八六八）九月より少し前のことであった。同月の八日には「明治」と改元されているから、江戸時代最末期になる。しかし、とにかく明治四年（一八七一）八月の「賤民解放令」に先がけて、甲斐の猿引は「新百姓」へ組み込まれていたのである。

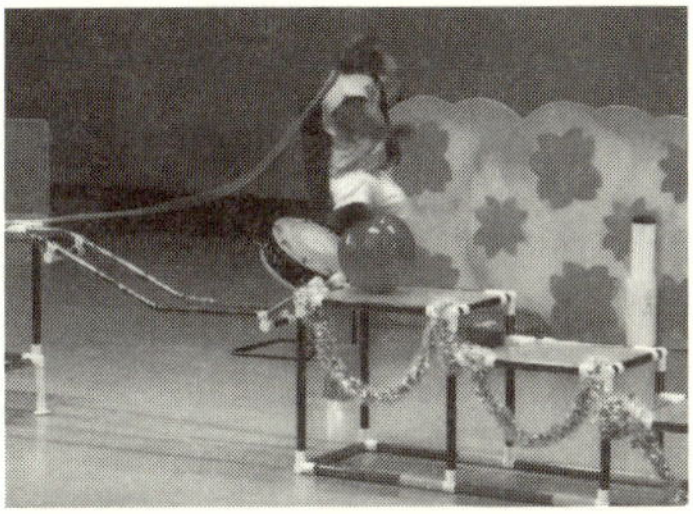
現代の猿まわし。山梨県富士河口湖町の「河口湖猿まわし劇場」で。

彼らは甲府牢番役のほか、居住村と近在の「火の番役」をも務めていた。おそらく拍子木を打ちながら、「火の用心」と大声で叫んで歩いていたはずである。それは今日の町内会の火の用心とは全く違う厳しい仕事であった。まず、まわるのは深夜で宵の口ではない。人びとが寝静まったころに、一軒一軒を訪ね寝入りばなを起こして火の始末を確かめてもらうのである。村方の住民は、その役務に対して謝礼を払わねばならなかった。村方にとって物入りであり、猿引の側の負担も大きかった。

甲斐の猿引たちは惣代を立てて嘆願を繰り返し、やっと火の番役を免除されている。その際、「御百姓」を仰せつけられたのである。甲府勤番が、なぜ火の番役を除いたうえ、彼らを新百姓にしたのか、文献には記されていないが、たぶん従来どおり甲府牢番役をつづけさせる代償としての措置であったと思われる。

猿引たちは、その機会に、

「新百姓に組み込んでいただいたうえは、以後、旦廻《だんかい》（旦那場めぐりのことで、旦那場はひいき筋を指す＝引用者）はもちろん、牛馬の祈禱も含めて、これまでのような職業はいっさいいたしません。もし違反した場合は村から追い払われても文句は言いません」

と、先の「連判一札」に書いている。それは決して、言葉の上だけでのことではなかった。

山梨県では明治十二年に、「甲斐国現在人別調」を実施している。これは県内居住者の職業調査で、たった一人しか従事していない仕事、例えば「櫛挽《くしびき》」や「錠《じょう》鍛冶」などまで分類・立項するほど徹底したものであった。

その調査によると、「猿舞師」は本業が二人（男女各一人）、副業が二人（いずれも男子、本業は農作）となっている。このときより六五年前の『甲斐国志』成立当時、少なくとも一〇二戸、三一〇人もいた猿引が、明治維新をはさんで、わずか四人にまで激減していたのである。

それが「連判一札」の申し合わせを反映した結果であったことは間違いあるまい。しかし、一札は最末期とはいえ江戸時代に差し出されたものであり、政権が替わって一〇年余りもたって、なお強い拘束力をもっていたとは考えにくい。猿引の激減には別の理由もあったはずである。

背景の一つが、猿引に牛馬の祈禱を依頼する顧客の減少であったろう。この風習は、やはり中世的なものというほかなく、時代が下るほど廃れる傾向にあった。『甲斐国志』でも、かつては領内に猿引が居住する村は一六あったが、

「退転シテ今ハ十四ヶ所トナレリ」

と述べられている。鮎沢村の仙蔵も、猿を用いる仕事はしていなかったのである。

もう一つの大きな理由は、差別から逃れるためであったに違いない。江戸時代には猿引は身分であって、その実際の仕事が何であれ賤視をまぬかれなかった。それは穢多の場合も同じであった。明治四年の賤民解放令によって、すべての被差別身分の者が「平民同様」になったとはいえ、人の心はそう急には変わらない。しかし猿引にとってみれば、とにかく猿を扱うことをやめるのが先決だと考え、その結果が猿引稼業の急減をもたらしたと思われる。

第七章　植民地での反乱と鎮圧が千余人の死をまねく　台湾・霧社事件

昭和五年（一九三〇）十月二十七日、当時、日本の植民地支配下にあった台湾のほぼ中央部に位置する山村、霧社《むしゃ》の小学校で行われていた運動会に、銃、「蕃刀《ばんとう》」、弓矢などで武装した台湾の先住民・高砂《たかさご》族の集団が乱入、参加者や見物の人びとのうち日本人を狙って殺戮する事件が起きた。襲撃に加わった先住民は、この前後に周辺の一〇ヵ所以上の駐在所を襲っており、その犠牲者を含めて死者は日本人一三四人、中国人二人の計一三六人にのぼった。

日本の警察と軍は、すかさず鎮圧・反撃の作戦を開始、圧倒的な武力で高砂族を追いつめ、その結果、七〇〇人ほどを殺害したり自殺に追いやったりした。日本側では軍隊から二二人、警察から六人の戦死者が出た。しかも悲劇はこれで収まらず、翌年四月二十五日、反乱した高砂族とその家族らを収容していた施設を別の高砂族が襲撃、二一六人が死亡している。「第二霧社事件」と呼ばれるこの大量殺戮の背景には、高砂族間の反目に加え、これを利用した日本警察の教唆・陰謀があった可能性が高い。とにかく、わずか半年ばかりのあいだに一〇〇〇人を超す命が失われたのである。

1　モーナルダオの絶望的な蜂起

台湾の先住民族を、日本では第二次大戦前から今日まで普通「高砂族」と呼んでいる。この名の由来については定説がないようだが、いまから四〇〇年ほども前、日本語で「タカサン」、当時いっとき台湾を統治下に置いたオランダでは「タカサガ」、中国人は「タアカオ」という言い方で台湾のとくに南部、のちの高雄あたりを指していたらしく、起源は決して新しくない。高砂族は、そこに住む住民の意で、この言葉自体には侮蔑の響きはないといってよいだろう。

現在の台湾では「山胞《さんぽう》」とか「高山族」「山地民」などと称することが多い。これらの言葉は日本ではなじみがうすいうえ、彼らは平地にも東海岸沖の島にも分布している。英語では「アボリジニーズ」と言ったりするが、これは先住民を意味する普通名詞である。要するに、彼らを呼ぶぴったりした言葉とはいえない。高砂族にも、「族」が付くなど問題がないわけではないが、ほかに適当な言い方がなさそうなので本章では、もっぱら「高砂族」を用いることにしたい。

高砂族は言語、民俗、信仰、外見などで、いくつかのグループ（部族）に分けられている。霧社事件が起きた昭和初年ごろ、当時の台湾総督府は彼らをタイヤル、ブヌン、ツオウ、パイワン、アミ、ヤミ、サイセットの七部族に分類していた。現在では、これからルカイ、プユマ、サオ族を分離して合計一〇部族とする見解もある。

霧社に居住していたのは、主にタイヤル族であった。霧社事件と第二霧社事件で死亡した高砂族も、ほぼ全部

台湾略地図

がタイヤルだといってよかった。総督府の調査によると、昭和四年時点でタイヤルの人口は三万三七二〇人とされており、アミ、パイワンに次いで七族中で三番目に多かった。

タイヤルの居住域は台湾の中央より北の高山帯であった。このうち霧社（現南投県仁愛郷）のあたりにいた集団は、「霧社蕃」と呼ばれていた。総督府では、それを居住地ごとにボアルン、スーク、ロードフなど一二の社（一一とする数え方もある）に分けて把握していた。社とは、この場合は「集落」を意味する。細分化しすぎるようだが、例えば霧社事件では社ごとに全く違った行動をとっていただけでなく、お互いに殺し合うこともしているので、この分類には重要な意味がある。

霧社事件を計画・指揮したのはマヘボ社の頭目モーナルダオであった。マヘボ社は、霧社の中心部から直線距離で東へ五キロばかりの険しい山間に位置し、事件発生当時の戸数は四八、人口は二二一と記録されている。これらを含め、本章で挙げた統計や数字は、いずれも総督府に所属する公的機関によるもので、山辺健太郎編『現代史資料22　台湾2』（一九七一年、みすず書房）所収の「霧社蕃人騒擾事件経過」から引用させていただいた。また、事件のいきさつや人物像については、中川浩一・和歌森民男編著『霧社事件』（一九八〇年、三省堂）、鈴木明『高砂族に捧げる』（一九七六年、中央公論社）などを参考にさせていただいている。

モーナルダオは、父ルーダオバイからマヘボ社の頭目を世襲し、そのころ四八歳くらいであったらしい。妻とのあいだに二男四女があり、長男タダオモーナ、二男バッサオモーナも事件に深くかかわっていた。蜂起に加わったのはマヘボ、ボアルン、タロワン、ホーゴー、スーク、ロードフの六社の三〇〇人ほどである。

彼らは午前三時すぎから行動を起こし、まず周辺に散在する駐在所を襲った。翌日にかけて、その数は一三ヵ所に及んでいる。銃器、弾薬を手に入れ、そこの警察官の反撃を断つためである。

午前八時ごろ、蜂起の一行は霧社公学校へ乱入する。公学校は、高砂族の子弟のみが就学する四年制の初等教育機関で、この日、隣の日本人が通う小学校（六年制）との合同運動会が行われることになっていた。準備も終わり、国旗掲揚式に移ろうとしたとき、銃器、刀剣で武装した壮丁の大集団が襲いかかったのだった。校庭には日本人、高砂族、中国人の老若男女があふれていた。その数は三〇〇人を超していたろう。

武装集団の狙いは日本人に集中していた。駐在所などでの犠牲者を含めて死者は一三六人にのぼったが、このうち一三四人が日本人、二人が中国人であった。後者は誤認による被害だったらしい。高砂族からは一人の死者も出ていない。

民族衣装を着て、昔の家の前に立つタイヤル族の女性。写真の女性（タイヤル名タッパス）提供。

攻撃は、ただの殺戮ではなかった。多くが首を切り落とされていたのである。当時、タイヤルら一部の高砂族のあいだには「出《しゅっ》草《そう》」の風習が、まだ残っていた。出草は首狩りである。この習俗は宗教的動機にもとづくとされ、必ずしも憎悪や戦果の誇示などによるものではないといわれる。しかし、とにかくそれが現場をいっそう凄惨にしていたことは間違いない。翌々日の朝、九〇人余りの警察官で編成された「討伐隊」が運動会場にたどり着き、その惨状に慄然としながら生存者の救出に取りかかった。四七人の生存者が発見されたという。

これだけのことをすれば、日本人からどんな報復を受けるのか、総指揮をとったモーナルダオはもちろん、彼に従ったタイヤル族の男たちすべてが理解していた。

彼らの襲撃の際、日本人の中には霧社西方の埔里《ほり》方面へ向かって逃走した人びともいた。それを追っていったあと霧社に引き揚げてきたタイヤルに対して、モーナルダオは、

「君らの要求によって蜂起した。だが日本の力は大きいので、われわれはこの戦いに勝つことはない。君らが生きながらえる希望はない」

旨を語ったと伝えられる。

モーナルダオは、事件から四日目に自殺している。それは妻や娘、孫ら一族の一七人が自死したことを見とどけたうえでのことであったらしい。彼は自分の死体が日本人に見つかることを嫌い、マヘボ社のずっと奥の険しい谷間で首を吊ったが、数年後にそれとおぼしき遺体が発見されたようである。

2 苛酷な支配と侮蔑への反抗であった

日本は早く明治七年（一八七四）に、初めて台湾へ軍を派遣している。これより先の同四年十二月（一八七二年一月）、現在の台湾・高雄の近くへ漂着した沖縄・宮古島の住民六六人のうち五四人が高砂族に殺されるという事件があり、その責任追及を名分とした出兵であった。

その後、日本軍はいったん台湾から撤退したが、日清戦争のあと締結された下関条約によって、台湾の割譲を清国に認めさせる。この明治二十八年（一八九五）から、第二次世界大戦が日本の敗北で終わる昭和二十年（一九四五）まで、およそ半世紀のあいだ日本は台湾を植民地として支配しつづけていた。

台湾統治下における高砂族対策を、日本側は「理蕃」と呼んだ。「蕃人を理《おさ》める」の意である。その要諦は、未開・野蛮の先住民を「文明化」するというにあった。文明化は、すなわち日本化にほかならなかった。それは新たな日本領土で、高砂族を自己の支配下に置こうとする試みだった。大小の反乱が何度もあったが、理蕃は少しずつ成果を挙げていった。霧社一帯は、その模範地区の一つとされていた。そこで高砂族の反抗史上、最悪の事件が起きたのである。

日本側は、これをあくまで偶発的な爆発で片づける方針をとった。たしかに、事件の直接のきっかけとなったのが、木材搬出作業の強制にあったことは間違いないらしい。当時、霧社では小学校、公学校、小学生寄宿舎の増改築と新築工事が行われていた。大量の木材の伐採、搬出が必要であり、それに近隣のタイヤル族が使役されていたのである。その重労働に対する賃金が非常識に低く、無理に動員された者たちのあいだには不満が鬱積していた。

これに加え、蜂起に参加した有力者らの個人的な恨みや、私生活面の行きづまりが重なったとの指摘がある。例えば、モーナルダオの妹は日本人巡査の妻になっていたが、理不尽な形で夫に去られたことから、兄もその巡査ひいては日本人全体に不信と反感を抱いていたといわれる。また、モーナルダオの長男タダオモーナは、妻のある身で同じマヘボ社の女性と不倫の関係になり、それが原因で家庭が崩壊状態にあった。マヘボ社とともに日本人攻撃に立った六社の一つホーゴー社のピホワリスとピホサッポは、ともに事件を先導したグループに入っていたが、やはり似たような女性問題で深刻な悩みをかかえていたようである。タイヤル族にあっては、それが「ただの男女間のもつれではないか」ということにはならないらしい。

台湾総督府が編纂した「霧社事件の顚末」には、

「男女関係の破綻が蕃丁《ばんてい》達に及ぼす心的打撃は到底常人の揣摩《しま》し得べき所にあらず。而《しか》して蕃人は自己の鬱憤は凶行によりて晴らすを常とする所なるが故に、失意の蕃人はこの意味に於て最も警戒を要すべきものなり」

の一節が見える。

しかし、どんな個別の事情があったにせよ、それらが事件の主要な原因だったということは、ありえないのではないか。彼らは蜂起に際し、自らの命を捨てるだけでなく、日本側の反撃によって家族全部どころか自分が住む村ごと地上から消え去ることも覚悟していた。ただ同然の低賃金や、特異な男女意識のもとでの男女間の軋轢を主とした理由で、そんな行動に出る決心がついたことなど、まず想像しがたいように思われる。

霧社事件の真の原因は、やはり苛酷な圧政と、高砂族を野蛮人視して、その文化を侮蔑しつづけた支配者の態度にあったろう。タイヤルたちも、おそらく文明社会の豊かさと便利さを認め、それにあこがれを抱く者も少なくなかったはずである。だが一方で、自分たちの暮らしが日々、破壊されていくことに耐えがたい思いをもっていた者も多かったに違いない。

事件が周到・綿密に計画されたことは、その経過を見れば明らかである。彼らは、もともとは狩猟民族であったから銃器を所持していた。しかし、それらは反乱の度に日本側に取り上げられ、昭和初年ごろには最低限が貸与される政策に変わっていた。それで、公学校の運動会場を狙う前に、周辺山地に点在していた駐在所を襲って銃器、弾薬を調達したのである。それは、まだ真っ暗なうちの犯行であった。

公学校の現場と近隣では、もっぱら日本人をえらんで襲撃している。高砂族で死んだ者は一人もいない。事前の申し合わせが徹底しており、現場に臨んでもきちんと守られていたことがわかる。決起は、総督府が言うように偶発的なものではなかった。

3 タイヤル族が同族を襲う――第二霧社事件の悲惨

霧社事件に対する日本の軍と警察あげての対応は、すばやく苛烈であった。

タイヤル族が蜂起した、その日の夕方には、早くも台湾南部の屏東《へいとう》から飛び立った二機の陸軍機が霧社の上空に達して威嚇射撃を行っている。これで彼らに実際の被害を与えられたわけではないが、現地一帯の日本人を落ち着かせるうえで大きな効果があった。

陸上からは警察の「討伐隊」が事件翌日に、理蕃政策の前線本部ともいうべき町、埔里を出発、夜を徹して険しい山岳地帯を踏破して、発生三日目の午前八時ごろ先遣の九〇人ほどが霧社に入った。埔里と霧社とのあいだには、道の両側から山が迫った「人止関《ひとどめぜき》」と通称される天険がある。討伐隊は、ここでの待伏せ攻撃を危惧していたが、ここを含め途中に「反抗蕃」の姿は全くなかった。タイヤルたちは、自らが生活の場としてきた各蕃社の背後に身を引き、ゲリラ戦に訴える作戦をとったのである。

　近代兵器で武装した日本の軍警と、一族・一村全滅を覚悟した先住民の死闘は、五〇日間にわたってつづくことになる。それは、モーナルダオが、

「われわれは、この闘いに勝つことはない」

と言ったとおりの経過をたどった。

　台湾総督府理蕃課は、全島の高砂族の人口ばかりか各人の名前まで、ほぼ正確に把握していた。事件発生直後の混乱期を過ぎると、その資料にもとづいて「反抗凶蕃」は六社で、その総人口は一四〇〇人余りと計算される。うち戦闘に加われる壮丁は三五〇人くらいとみなされた。ところが、反乱が鎮圧されたあとの調べでは、少なくとも七〇〇人前後が欠けていた。男子壮丁だけではなく、女性、老人、幼少年らにも大量の死者がいたのである。死者には自殺者、自ら壮丁に殺されることを頼んだ女性が多く含まれていたらしい。

　一方、日本人では軍隊から二二人、警察隊から六人の戦死者を数えた。さらに、討伐隊は、反乱に参加しなかった蕃社の壮丁を「味方蕃」として採用していたが、彼らからも相当数の犠牲者が出た。この時点で高砂族、日本人合わせて一〇〇〇人に近い死者を生じていたことになる。しかも悲劇は、これで一応おさまったのではなかった。

　反抗蕃社に属し帰順した者は、霧社北東のロードフと南西のシーパウの収容所に入れられた。その数は二ヵ所で五一〇人余であった。

モーナルダオらの蜂起から半年ばかりたった昭和六年（一九三一）四月二十五日の朝、日本側の「味方蕃」であったタウツア蕃の武装集団が二つの収容所を襲ったのである。タウツア蕃は、反乱したマヘボやホーゴー社などを含む霧社蕃の北東方面に居住するタイヤル族である。タウツアは、霧社事件後は日本の討伐隊に付き、反乱がおさまって何ヵ月も経過したあと、同じタイヤル族を襲撃したことになる。第二霧社事件と呼ばれるこの惨劇で、武装解除を受け全くの丸腰だった被収容者のうち二一六人が死亡している。その中の一〇一人は首が落とされていた。同部族のあいだで、なぜこんなことが起きたのだろうか。

霧社蕃の壮丁が公学校で多数の日本人を殺戮して、まわりの山にこもったあと、食料に窮した蜂起蕃社の一つホーゴー社の住民が、タウツア蕃の経営する牧場の牛を奪ったことがあった。タウツアの頭目タイモワリスは、ほかの村民十数人とともに彼らを追っていったが、逆にタイモが殺されてしまう。これが両者の反目の一因になっていたことは確かであろう。また、もともとタウツアが反乱の誘いに乗らなかったことも、お互いの怨恨の原因をなしていたと思われる。

しかし、これだけで無防備の同部族に銃器で襲いかかったとは考えにくい。背後で日本側がタウツアをそそのかしたのは、間違いないのではないか。総督府は、出草（首狩り）を野蛮な風習として刑罰を科して禁じていた。そうでありながら、反乱に加わったタイヤルを討伐するに際し、味方蕃の出草を認めるどころか敵蕃の首に懸賞金をかけていたのである。それは第二霧社事件でも、ひそかにつづけられたらしい。むろん、一部の高砂族には、まだきびしい部族対立が残っているということもあった。

ロードフ、シーパウ両収容所から脱出できた六社の反乱蕃は、二九八人であった。かつて一四〇〇人余を数えた住民が、わずか半年後に三〇〇人弱になっていたのである。

彼らはすべて、故郷から直線距離で西へ二五キロほど離れた川中島《かわなかじま》（現南投県仁愛郷清流）へ移された。もとの村々はタウツア蕃や、そのさらに北東、濁水渓の上流に居住していたトロック蕃に与えられた。トロックも、モーナルダオらの蜂起には加わっていない。六社の旧地の割譲には、論功行賞の意が込められていたに違いない。

4　サラマオ事件と梨山

霧社から北北東へ三〇キロばかり、大甲渓の上流沿いにはサラマオ蕃が居住していた。サラマオもタイヤル族である。彼らの蕃社は、いまの台中市和平区梨山《りさん》の周辺に点在していた。

霧社事件が起きるちょうど一〇年前の大正九年（一九二〇）九月十八日、サラマオ蕃の合わせて九〇人ほどが梨山に近い駐在所と警察官分遣所を襲撃、日本人の巡査と、その家族および台湾人（中国系）の警手（巡査の補助員）の計一二人を殺害する事件が発生した。このうち日本人は八人で、ことごとく首をはねられていた。サラマオ事件と呼ばれる。

このときの日本側の対応も、のちの霧社事件と大きくは違わない。軍と警察が出動したほか、他地域の高砂族を大量に「味方蕃」として採用し、夷《い》をもって夷を制する作戦をとったのだった。味方蕃の中核は霧社蕃であり、その中には霧社事件の反抗蕃のマヘボやホーゴーも含まれていた。

サラマオ事件後の戦闘は、実質的には高砂族のあいだの殺し合いだといってよかった。お互いが相手を襲っては首を奪い合った。犠牲者の数は把握できないようだが、前記の中川浩一・和歌森民男編著『霧社事件』の巻頭には、狩り取った二五の首を地面にずらりと並べ、その背後に味方蕃や日本人の警察官ら合わせて一〇〇人近くが整列した写真が載っている。これは著者の一人、中村玲子の祖父が保存していたものだという。その男性は当時、総督府の巡査であり、反抗蕃の討伐に出動していたようである。とにかく、おそらく一回の衝突で二五もの首級が挙げられたらしい。

サラマオ蕃は、日本側に付いた高砂族たちに、しばしば食糧倉庫を焼かれ、しだいに飢餓へ追いやられていった。そうして五〇日くらいのちに多くが帰順、ほぼ鎮圧されている。この間、日本人で死亡した者は一人もいなかった。「以毒制毒」作戦が完全に成功したといえる。

霧社事件から半世紀余りたった昭和五十六年(一九八一)十二月、わたしは霧社を訪ね、その一年半後の同五十八年四月、サラマオ蕃居住域の中心に位置する梨山を訪れている。高砂族の二大反乱ともいうべき騒擾《そうじょう》事件の現場へ行ってみたことになるが、事件について何か調べるつもりがあったわけではない。

当時、『霧社事件』も鈴木明『高砂族に捧げる』もすでに出版されていて、これらの力作に目を通せば、たいていのことはわかった。少しばかりの取材で、そこに出ていない事実に出合える見込みなどあるとは思えない。それに、わたしは事件に特別の関心を抱いているとはいえなかった。わたしは、ただ高砂族の村を見たかったのである。

わたしは、高砂族の言語が、フィリピン、インドネシアあたりどころか、モアイの巨石像で知られるイースター島やアフリカ東岸沖のマダガスカル島、さらにハワイなどの言語と同じオーストロネシア語族に属するということの方に興味をおぼえていた。とくに、洋上一万キロ前後も隔たったイースター島やマダガスカル島の言葉が、日本のすぐ隣国の山中深くで話されている言葉と明白な類縁関係をもつという言語学者たちの指摘に強い印象を受けた。とはいえ、それは漠然とした興味で、高砂族の言語を少しでも勉強することもなかった。要するに、霧社や梨山への旅は、ただの観光であった。

霧社とは「霧の村」の意である。東側の東シナ海と西側の台湾海峡から吹き上げてくる暖かい空気が、標高一二〇〇メートルほどの霧社で急に冷やされ、霧になることが多いらしく、わたしが着いたときも出発する折りも深い霧につつまれていた。しかし、台湾の中央山地には似たようなところがあちこちにあって、ひんぱんに霧が発生する場所は、ほかにも珍しくないようである。

霧社は、ちょっとした町場で、「蕃社(高砂族の村)」といった雰囲気は、もう全くなかった。事件現場の運動場は台湾電力公司の敷地になっており、ヒマラヤ杉が生い茂っていた。二〇〇メートルくらい離れた台地に「霧社山胞抗日起義記念碑」が建っている。碑文は中国語であった。

現地で出会ったタイヤルの若者に、タイヤルの言葉で山、花、人を何というのかたずねると、「ヤマ」「ハナ」「ヒト」との答が返ってきた。日本の統治時代を知らない世代にも、まだ日本語の名残りが消えていなかったことに不思議な思いがしたが、霧社は、わたしが行ってみたかった土地とは、あまりにも違っていた。それが次の梨山への旅を計画させたのかもしれない。

翌々年四月末の風の強い日の午前一一時にバスで台北を出発、台中で乗り換え、午後五時半ごろに梨山に着いた。梨山は標高が一九〇〇メートルくらいもあるといい、そこまでの道路は目もくらむ断崖の中腹に引かれた一本の筋のようなもので、バスの窓からは路肩が見えず、はるか下方の谷間は飛行機から見下ろしているように感じられた。

梨山もまた、東西往貫公路の要衝に発達した町場であり、ここにタイヤルの村の面影を求めることは難しかった。ただ、この町で楊明徳という男性に会えたことは、第二次大戦後のタイヤルの暮らしぶりを知るうえで、いろいろと参考になった。

この人は、霧社事件が起きる五年前の大正十四年(一九二五)、梨山つまり当時のサラマオで生まれたタイヤル族である。そのころは「山中忠志」という日本名を名乗り、公学校で日本語による教育を受けた。第二次大戦が終わる前年の昭和十九年(一九四四)、総督府の巡査になり、有勝の駐在所に勤務した。有勝は梨山のさらに奥地、ピヤナン鞍部に近い村で、いまは勝光といっている。ピヤナン鞍部は、戦前の台湾にいた日本人には、台湾山地の奥の奥という印象を与えていた。そこを越えることは、難路に加え治安の面でも冒険以上の行為だと考えられていたらしい。

楊は戦後、果樹園経営で生活してきた。先住民は台湾政府から一定の土地の所有を認められ、そこで梨、リンゴ、桃などを栽培する者が多いということだった。一部を退役軍人らに賃貸する場合もあり、山地のタイヤル族は一般に豊かなようであった。甥は日本の長崎大学に留学して建築学を学んでいると話していた。

楊は日本語が上手だった。日本の統治時代が終わって四〇年近くたっているのに、言葉によどみがない。わたしが、そのことを指摘すると、

「妻もタイヤルですがね、妻とは日常、日本語で話をするんですよ。タイヤル語で話すこともあるんですがね、日本の言葉がいっぱい混じってますからね、初めから日本語を使った方が便利なんですよ」

と言って笑った。

わたしは梨山滞在中に、ここから北東へ一〇キロほどの環山という村に行ってみた。かつて「シカヤウ」と呼ばれた蕃社であった。この村は霧社や梨山とは違って、ほとんどの住民がタイヤルである。たたずまいにも、いくらか高砂族の村の面影を残している。わたしは次の機会にもう一度環山を訪ねることにした。

5　タイヤル族の村「シカヤウ社」を訪ねて

大甲渓は、台湾中央山地の北部を発して、おおむね西方へ向かって流れ、台中の北西で台湾海峡に注いでいる。梨山は、その上流に位置する。

わたしが梨山を再訪したのは、昭和六十年（一九八五）の一月であった。四日の午前九時、東海岸の都市・宜蘭《ぎらん》行きのバスに乗って梨山を出発、大甲渓沿いに三〇分ばかり走って環山に着いた。バスを降りてみたところで知る人はおらず、これといって行くあてもない。それで、わたしは渓流釣りの準備をしてきていた。

大甲渓の上流には、「サラマオマス」というサケ科の淡水魚がいる。日本のヤマメと同種である。大甲渓は、サケ科魚類が棲息する南限域になるらしい。わたしは、サラマオマスの釣りをとりあえずの目的にしていたのだった。その場所として支流のスキラン渓をえらんでいた。スキラン渓は、台湾第二の高峰・雪山《シュエシャン》（三八八六メートル）の南方直下を源流として南東方向へ流れ下り、環山で本流に合する。

村の中を歩きながら、わたしは何人かの住民に道をたずねたり、マスのことを聞いたりした。会った人はみな、日本語が話せた。途中、大甲渓には「ヤエン（野猿）」がかかっていた。ヤエンは、自分の力で動かす一人乗りロープウェイである。川の両岸に渡したワイヤーに籠がぶら下がっており、その籠には両岸につながるロープが付いている。そのロープをたぐって自ら籠を動かすのである。むろん日本にもあったが、そのころ実用のものはすでに姿を消していたのではないか。

昭和60年（1985）ごろの環山（シカヤウ社）の全景。

スキラン渓でマスは全く釣れなかった。魚影を見ることもなかった。あとで聞いたところでは、毒流しなどで数が激減したということだった。わたしは村へ引き返し、入り口の雑貨屋で休んでいた。そこへタイヤルの中年女性が、わたしを訪ねてやってきた。日本人が来ていることは、いつの間にか村中に知れわたっていたらしい。

「日本の方ですか」

相手は、なめらかな日本語で、そう訊いた。わたしがうなずくと、

「ぜひ、うちへ来て下さい」

と言うなり、ほとんど連行といった勢いで、わたしの前を足早に歩いていくのだった。

間もなくわかることだが、女性は日本名を「小林淑子《よしこ》」といい、第二次大戦後は「詹《せん》秀美」の中国名を名乗っていた。タイヤル名は「タッパス」である。昭和五年（一九三〇）にシカヤウ（現在の環山）で生まれたというから、このとき五四歳のはずであった。

ヨシコさんは、異様な日本びいきのように思えた。自分は小林淑子だとのみ言い、中国名もタイヤル名も、こちらが訊かないかぎり口にしない。しきりに日本の統治時代をなつかしがり、ことあるごとに日本のよさに触れる。だから、日本人が村へ来たことを知って雑貨屋へ現れたに違いなかった。彼女は自宅に泊まることを強くすすめ、わたしは喜んで承知した。はからずもタイヤル族の家に泊まれることになったのである。家は鉄筋コンクリート造りで、たいていの電化製品がそろっていた。

その夜は、彼女の姉やいとこから近所の人びとまで一〇人ほどが集まって、ふらりと村を訪れた日本人が身にあまる歓待を受けることになった。どの方も日本人に対して何の悪意も抱いていないように感じられた。わたしは痛飲し、そして感謝の意を表しつづけたことで、へとへとになってしまった。過分の好意は人を疲れさせるのであろう。

翌朝は愛想笑いを浮かべたり、おしゃべりをする元気はもうなく、早々に再びスキラン渓へ向

かった。魚は、やはり釣れなかった。この日もヨシコさん宅に泊めていただいた。

ヨシコさんの父はクモノカン、母はサヨンといった。彼女はタイヤル族としては、やや特別な初等教育を受けていた。当時、高砂族は普通、四年制の公学校に通ったのに、日本人と同じように小学校の尋常科（六年制）をへて高等科（二年制）まで行ったのである。それは日本人に「おぼえがめでたい」子だけに認められた待遇であった。

その八年のあいだ、彼女はほとんど平岩山《へいがんさん》駐在所の巡査たちの官舎で暮らした。駐在所はシカヤウ社を見下ろす台地の上にあり、数人の日本人巡査が家族とともに住んでいた。どの家族も彼女をかわいがり、下の実家へ帰っていると、その度に、

「ヨシコーっ」

小林淑子さん（タイヤル名タッパス、向かって左）と姉の節子さん（同ラビ）。

と大声で呼ばれるのだった。彼女の素直さと利発さが、日本人に愛されていたのだと思われる。彼女は、とくに巡査夫人たちから日本式の礼儀作法や習慣、着物の着方、日本語の会話などを教えられた。

昭和十八年の春、高等科を終えたときには太平洋戦争の戦火が激しくなっており、台湾の先住民も「高砂義勇隊」の名で南方の戦線へ駆り出されていったが、シカヤウのあたりに直接、戦争の影響が及んでくることはなかった。そうして、同二十年の八月、日本の敗戦がふいにおとずれ、まわりの日本人は一人残らず姿を消したので

ある。その段階で、彼女の日本人についての記憶は凍りついて、少女時代の楽しい思い出だけが残ってしまったようである。

昭和二十五年に、親の命令で同じシカヤウ生まれのタイヤルの青年と結婚したが、彼女はどうしても相手が好きになれず、自殺まで試みたこともあった。このような経験も、過去の日々を一層、美化したのではないか。彼女は離婚し、その後の再婚も一五年ほどで解消されていた。しかし、果樹園の経営が順調で、わたしが訪れたころには経済的には何の不自由もないようであった。

環山の人口は、その当時、五〇〇人くらいだった。八割以上がタイヤル族で、あとは平地生まれの中国人である。中国人には何世紀も前に台湾へ移ってきた本島人（本省人）と、第二次大戦後、国共内戦に敗れた国民党の役人や軍人として台湾に逃れてきた外省人がいた。前者は主に福建語を話し、後者は北京語を使っている。二つは同じ中国語であっても、そのままでは通じないほどへだたりが大きいらしい。右にタイヤル語と日本語を加えた四つの言語が、標高二〇〇〇メートル近い山中の小村で用いられていたのだった。

ヨシコさんは福建語を除く三つが、わたしが最初の日に休んでいた雑貨屋の主人は四つとも話せるということだった。主人は本島人で、その妻は父が神戸生まれの日本人、母はタイヤルだと言っていた。

第八章　天皇陵と被差別部落　奈良県・洞《ほら》部落移転の経緯

奈良県橿原《かしはら》市の畝傍《うねび》山（一九九メートル）は大和三山の一つで、古代から信仰の対象とされていた。その北東麓に、かつて洞と呼ばれる二〇〇戸余りの被差別部落があった。その部落は、いまはない。大正七年（一九一八）から九年にかけて「強制的」に、全村が移転させられたからである。理由は、北東側の神武天皇陵を「眼下に見る」場所に位置していたからである。それは「恐懼《きょうく》ニ堪ヘザルコト」であり、大正天皇の神武陵行幸を機に一帯の聖地から「新平民の村」を消滅させることを目的にしていた。

その移転は、たしかに当時の政治権力の意図するところではあったが、部落民側もただ言いなりになっていたのではない。彼らは、国家権力の強制を逆手にとって、より条件のいい土地への移住と、差別からの脱出に利用することを考える。洞住民の大半が居を移した現橿原市大久保町、四条町のいまの姿を見るとき、それはほぼ実現できているような印象を受ける。権力と被差別民衆の関係が常に一方的なものだとはかぎらないのである。

1　江戸時代につくられた「神武天皇陵」

洞部落の移転問題を考えるうえで、現在の「神武天皇陵」がどんな性格の場所か知っておくことは重要な意味をもつ。

神武天皇は、いうまでもなく初代の天皇とされる人物である。『日本書紀』では、「辛酉《しんゆう》の年」の一月一日に橿原宮で即位したことになっている。これを西暦になおすと、紀元前六六〇年二月十一日になる。同日が戦前には紀元節、昭和四十二年から建国記念の日とされているのは、『書紀』の記述によっている。

神武が架空の人物であることは、くだくだしく述べるまでもない。紀元前六六〇年といえば、かつてならまだ縄文時代とされ、近年の弥生時代の始期を古くさかのぼらせるべきだとの学説にしたがっても、まだ弥生時代に入って間もないころであった。そんな時代に天皇がいたはずはなく、橿原宮があったわけもない。神武のモデルになった権力者もいなかったろう。要するに、古代国家が自己の正当性を主張するために創作した全くの観念の所産であった。

それなのに、なぜ神武陵が存在するのだろうか。それは『書紀』の記載を事実だと信じたがる者たちがいて、その場所さがしがつづけられた結果であった。それが本格的に始まったのは、江戸時代前期のことである。しかし、もともと存在するはずのないものだから、だれもがうなずけるところなど現れない。さまざまな学者、尊皇家、思想家らが論争を繰り返し、初めは候補地が六ヵ所にも及んだという。やがて、そのうちの塚山説、丸山説、ジブデン説の三つが有力になってくる。いずれも畝傍山の麓近くの土地である。

そうして、一七世紀末いったん塚山（塚根山とも）の地が神武陵とされ、ここに「陵墓」がつくられる。現在、第二代の綏靖《すいぜい》天皇陵の所在地に当たる。その後ここは荒廃して陵域さえはっきりしなくなっていたが、修陵の際に再び比定地論争が持ち上がる。代わって有力になったのがジブデンすなわち塚山に南接する、いまの神武天皇陵の場所であった。文久三年（一八六三）、幕府は新たにここを神武陵と定めて陵墓をつくったのである。

ジブデンのあたりはミサンザイとも呼ばれていた。ミサンザイまたはニサンザイの名の古墳は大阪府と奈良県で合わせて六、七ヵ所が知られている。この語は陵墓を意味する「みささぎ」の訛りらしい。ただし、ジブデンのミサンザイは古墳であったかどうか、はっきりしないようである。とにかく、それ以後ここが神武天皇陵ということになっている。北隣の塚山は明治十一年（一八七八）、綏靖陵とされることになった。むろん、綏靖も実在の人物ではないから、その陵が本物であることはありえない。なお、神武陵の有力候補地の一つだった丸山は、旧洞部落のすぐ南側になる。

現在の神武陵は、周囲一〇〇メートルほどの中央がわずかに盛り上がった皿状の円丘で、幅一六メートルばかりの周濠をめぐらせている。陵域だけで東西一五〇メートル、南北二〇〇メートルに及び、それが東西五〇〇メートル、南北四〇〇メートルの広大な敷地におさまっているのである。陵域は鬱蒼とした常緑樹におおわれ、関係者以外は立ち入ることができない。

2　洞部落とは

橿原は奈良盆地の南端部に位置し、古代史の主要舞台の一つであった。天香久山《あまのかぐ》、耳成山《みみなし》、畝傍山の大和三山は、この地にそびえる小独立丘である。一帯は、それこそ名所旧跡だらけで、著名な古墳もおびただしい。

畝傍山は三山のうちで南西の一端を占め、いちばん標高が高い。といっても、わずか一九九メートル、山としてはごくささやかな隆起になる。洞は、その北東麓に広がる江戸期の穢多村であった。大正七年当時、ここは高市《たかいち》郡白橿《しらかし》村大字洞といい、二〇八戸、一〇五四人が住んでいた。

洞の歴史については、ほとんど何もわからない。いつごろ村落を形成したのか、どんないきさつで穢多村とされたのか不明である。『日本書紀』に神武天皇は「畝傍山の東北陵に葬る」とあること、一〇世紀前半成立の法律・制度集『延喜式』に神武陵の「兆域《ちょういき》（陵墓の広さ）東西一町、南北二町、守戸五烟《しゅこごえん》」とあること、まわりに古墳が多いことなどから、守戸の子孫が住んだ村ではないかとする者もいる。守戸は天皇や皇族らの墳墓の維持・管理を職掌とした人びとのことで、古代から賤視の対象になっていた。だから、近世になって穢多村に組み込まれたのではないかというのだが、洞と古代の守戸とを結びつけるどんな証拠も知られていない。

大正時代前期の調査によると、洞住民の生業は下駄表《げたおもて》の製造四九戸、下駄修理一九戸、草履《ぞうり》製造一四戸、革靴製造一一戸、自作農三戸、小作農二四戸、日稼ぎ四四戸であったという。下駄表は木製の下駄の表面に、はきごこちがよくなるように貼り付ける畳のような外観のカバーである。洞では、それをシュロの葉で作っていた。下駄修理は、それを修繕するとともに、おそらくすりへった下駄の歯の継ぎ足しや鼻緒の交換も行っていたのではないか。日稼ぎが具体的に何を指していたのか、はっきりしない。また、右の戸数を合計しても一六四戸にしかならず、二〇八戸には四〇戸以上も不足する。それらの家の人びとが何をして糊口をしのいでいたのか知ることができない。

いずれであれ、洞では斃牛馬の処理や、それにともなう皮革の製造をしていた形跡がない。革靴を作りはじめるのは近代になってからのことであろう。その前に太鼓を作る職人がいた証拠があるが、靴づくりとともに原料の皮革は、よそから持ち込んでいたと思われる。つまり、もともと皮革系の穢多村ではなかった可能性が高い。

洞は「ひぢり垣内《かいと》」とも称されていた。ひぢりは漢字で書けば「日知り」となる言葉で、中世にあっては陰陽師や唱門師に類する下級の民間宗教者に近かったと考えて大過あるまい。垣内は「村」「集落」の意だから、彼らが住む村だったのではないか。陰陽師も唱門師も差別・賤視の対象になっていて、今日の被差別部落の中には、そのような者たちの集住地だったと推定されるところが少なからず存在する。

畝傍山から神武陵にかけての模型。山麓の大きい方の村が洞、向かって右の小集落が山本。左下が神武陵になる。「おおくぼまちづくり館」の展示より。

洞なる地名の由来については、「まほら（すぐれた場所の意）」の上略だとか、「ほふり（屠り）」の転訛だとする説があるようだが、わたしにはとても信じられない。ホラは尾根と尾根とのあいだの奥まったところ、普通にはクボと呼んでいる場所を指す地形語であり、それがここの地名の起こりだと思う。それは現地の状況に、かなりよく合致している。

洞は江戸時代には、北西側に隣接する山本村の枝村であった。枝村は枝郷《えだごう》、出村などともいい、本村に付属する集落のことである。村内政治のうえでは、本村の下風に立つしかなかった。庄屋（東日本では名主）をはじめ村方三役は、おおかたは本村から出す場合が多かったからである。ことに村政のトップの庄屋が枝村からえらばれる例は、まずなかったろう。

穢多村の中にも、一村立て（枝村でない村）のところがないわけではなかった。しかし、その比率は一パーセントに満たなかったと推測される。少数点在型の部落が多い東日本では、埼玉県と群馬県で各一例が知られているにすぎない。このような部落のあり方を研究者は、一般に「枝郷体制」と称している。

洞も、その枝郷だったわけだが、異様なことに移転問題が起きた大正の初め、洞地区の戸数が二〇八に上っていたのに対し、山本地区はわずかに十数戸でしかなかった。ただし明治二十九年（一八九六）、洞はすでに山本から独立していた。その際、洞と山本は村域を折半している。当時の両者の正確な戸数はわからないが、おそらく大正初期とそう大きくは違うまい。この分離によって、洞は十分の一たらずの戸数の村と同じ広さの地域に住民がひしめき合って暮らす状態が、さらにつづくことになる。そのため、のちには再合併の動きも出ていたのだった。

北西方向から畝傍山麓を望む。家並みは、もとの山本村（現橿原市山本町）。洞は、その向こう側にあった。

幕末の洞の戸数は、一二〇ばかりであったらしい。そのころ山本が何戸くらいだったか不明ながら、せいぜいで二〇に満たなかったのではないか。問題にならないほど大きな枝村が、村政面ではほとんど発言権がなかったことになる。これが江戸期の穢多村が置かれていた立場であった。

3 「御陵に面して、新平民の墓がある」

畝傍山の北東麓、旧洞部落から五〇〇メートル余り南に橿原神宮がある。この神社は明治二十三年（一八九〇）、神武天皇と、その皇后を祭神として創建されたもので、ごく新しい。

明治天皇が死去して代が替わるのにともない、橿原神宮と神武天皇陵との拡張・整備が計画されたのは、新時代の権威をいっそう高めようとする気分があったのであろう。大正天皇の即位礼は大正三年（一九一四）、京都御所で行われることになり、そのあと神武陵に参詣の予定があるとの報が伝わる。これが洞部落移転の発端になった。橿原神宮はともかく、神武陵は洞とは目と鼻の先にあって、しかも神武陵は洞から「眼下に見る」位置に当たっている。国家あるいは天皇の権威をさらに高めたいと考えていた者たちは、この機をとらえて洞の移転を図ったのである。

現在の神武天皇陵

その空気を代表するような文章が、後藤秀穂『皇陵史稿』（一九一三年、木本事務所）に見えている。

「畝傍山の一角、しかも神武御陵に面した山脚に、御陵に面して、新平民の墓がある。それが古いのではない、いま現に埋葬しつつある。しかもそれが土葬で、新平民の醜骸《しゅうがい》はそのままこの神山に埋められ、霊山の中に爛《ただ》れ、腐れ、そして千万世に白骨を残すのである。

どだい、神山と、御陵の間に、新平民の一団を住まわせるのが、不都合この上なきに、これを許して、神山の一部を埋葬地となすは、ことここに至りては言語道断なり」（一部の漢字をひらがなにしたうえ、現代仮名遣いになおしてある）

著者がどのような人物であったのか知られていないらしいが、ひととおりの知識人だったことは間違いあるまい。その点はともかく、神武陵が右の場所につくられたのは幕末のことで、洞はそのずっと前から「畝傍山の一角」に存在していた。

洞が移転したあとの大正九年五月、当時の高市郡長が「地方改良講習会」で行った説明原稿にも、次のような一節があった。

「特ニ神武御陵兆域ヲ眼下ニ見ルノ地位ニアリテ恐懼ニ堪へザルコト等ノ諸理由ニ基ケリ」

洞は畝傍山麓に二〇〇戸余りがひしめく村で、山に近い方はたしかに御陵が広がる土地よりはいくぶん高い。だが、その比高差は二〇メートルもないのではないか。最高所から御陵を望んでも見下ろす感じではなく、横から眺めることにしかならなかったように思われる。

いずれにしろ、移転を画策する側の真意は、あくまで洞が被差別部落だという点にあった。その証拠に北西隣の山本地区に対しては、はなから移転の計画など示されることはなかったのである。

宮内省もむろん、洞部落の移転を望んでいたろう。自ら具体的な行動に出なくても、県や郡などに意のあるところを、それとなく伝えさえすれば、ことはその方向に進んでいったはずである。当時、国家権力のそのような意思に抗することは簡単ではなかった。洞部落の場合は、県内の部落民が大正元年（一九一二）に結成したばかりの「大和同志会」を別にすると、その立場に同情してくれる組織はなく、個人もいなかったといってよい。大和同志会にしても、いわゆる融和団体で、のちの水平社のような戦闘的な組織とは違う。洞の住民が移転断固反対を叫んだとしても、そのとおりになる可能性は、ほとんど、いや全くなかったろう。

彼らは、移転の動きを逆手にとって、条件闘争に持ち込む道をえらんだ。これを主導したのが、洞地区の区長楠原宗七らであった。すなわち、大正六年九月、洞地区全部を「献納」したい旨を宮内省に請願したのである。もちろん、ただではない。しかるべき御下賜金の交付を条件にしていた。しかも、その額が部落民一同の見積りと大きく違い、住民の三分の二以上が承認しがたいとしたときは取り消すことになっていた。部落民の方も、なかなかしたたかだったことを示している。これも一種の解放闘争だったといってよいかもしれない。

大正七年五月、宮内大臣は御下賜金の額を二六万五〇〇〇円と決定、奈良県知事を通じて洞へ伝達する。のちに、これに五万円が加算される。総額三一万五〇〇〇円には建物移転費、土地代、生業扶助金、農作物補償、墓地改葬料、道路橋梁新築費の六項目が含まれていた。

これで金銭面では、いちおう折り合いがついたことになる。次の、より困難な問題は、どこへ、どんな形で移転するかであった。

4 移転候補地との確執

洞村は初め、もとの本村である山本村への移転を希望した。山本は畝傍山の北麓に位置する。その東側なら、神武陵までの距離は変わらず、移転の意味はない。したがって、山本の西側、畝傍山の北西麓へ移ることを考えていたと思われる。いま旧洞村住民の共同墓地があるあたりになる。

これは結局、実現しなかった。山本村が強硬に反対したからである。次に候補に挙がったのは、橿原神宮南東の現橿原市久米町であった。しかし、これも容れられなかった。そこで高市郡長と白橿村長が新たに加わって、村内の大字大久保（現橿原市大久保町）、大字四条（同四条町）との交渉を始める。大久保は洞の東方、四条は、その北隣にあって、神武陵の東方に当たっていた。

予想されたとおり両大字とも、猛烈に反対する。だが、郡長は国の意向を受けて、この問題に臨んでいた。先方の言いなりになっていたら、いつまでたっても移転の目途は立たない。郡長は不退転の姿勢を示して大久保、四条を説得する。

「あんたら、これは国の方針だ。受け入れるしかないぞ」

くらいのことは言ったかもしれない。とにかく、それは話し合いというより、最後は通告に近かったろう。結局、両大字が合わせて六八〇〇坪を提供することで決着したのだった。ただし、その際、両大字から一三項目の条件が出されている。そのうちのいくつかは次のようなものであった。

・分割領地ハ新大字ヲ設置シ、大久保、四条ノ両大字ニ一切関係ナキモノトス
（大久保、四条が部落と間違われては困るから、別に地名を付けてもらいたいとの趣旨である）
・新敷地譲渡ノ上ハ、敷地区域外ニ建築シ雑居スルヲ一切謝絶ス
（譲渡した区域内だけに住み、その外に家を建てることはお断りだというのである）
・家禽畜養飼ハ其大字限リトシ、相当ノ損害額ヲ弁償スル事ヲ承認スル事
（家畜を飼う場合は譲渡地内に限定し、何らかの損害が生じたときは弁償せよとしている）
・墓地ハ両大字領ニ設置セザル事
（家屋の移転はやむなく認めるが、墓地を譲渡地にもってくることはお断りだと言っている）

洞住民が、一三項目をそのまま承認したわけではなく、また年月の経過とともにうやむやになりそうな内容も含まれていたが、墓地を新居住地に移すことはできなかった。

洞の墓地は、移転前までは部落内にあった。これを残すことは許されず、かといって大久保、四条へもっていくことも認められない。落ち着いた先は山本村であった。山本は、洞の最初の希望を蹴って、その受け入れを拒否している。おそらく、郡長らの圧力もあり、また大久保、四条の手前もあって、墓地の移転までは断りきれなかったのではないか。洞の新墓地は、山本村の民家が並ぶ西方に設けられ現在に至っている。

家屋の移転先は、もとは水田と湿地が広がる平坦地であった。その西端は神武天皇陵とは目と鼻の先にあり、それを取囲む現在の敷地とは道路一本をへだてているにすぎない。つまり、洞は神武陵からより遠いところへ移ったとはいえない。ただ、洞が陵よりいくらか標高が高い山すそ

に位置していたのに、新居住地が陵と同一平面に立地するとはいえる。こんな程度のことで、よく宮内省などが納得したものだと不思議な気がしないでもない。あるいは、いつの間にか移転そのものが目的になっていた可能性すらあるのではないか。

大正七年（一九一八）十二月、移転先の整地工事が始まり、翌年八月には住居の建築に着手している。しかし、二〇八戸全部が大久保・四条へ引っ越したわけではなかった。三〇戸ほどは大阪市などへ移り、残りが五〇〇メートルばかり北東の譲渡地に新しい住まいを求めたのだった。ここの新地名は「大字四条・大字大久保」という、すこぶる奇妙な名が採用されている。

移転は、洞住民にさまざまな困難を課したらしい。まず、御下賜金の割当てでは実際の費用に大幅な不足が生じたことがある。それには大正七年七月から九月にかけての「米騒動」を境に、物価が急上昇したことも影響していた。墓地の撤去に想像以上の手間がかかったことも住民を苦しめた。土葬の改葬で骨一片も残さないことは簡単ではない。ところが、ことの発端が発端だけに、墓石の下はもちろん墓石がないところまで掘り返し、すべての骨を持ち去るように命じられたのである。作業には警察官や神武陵職員が立ち会っていた。

また、御下賜金の中に含まれていたのは、「建物移転費」であって、新築費ではない。すなわち、旧家屋を解体して柱や梁などの材料を運んでいき、それを再び組み立てることを前提にしていたのだった。たいていの者が自分たちで家を取り壊し、大八車で運んだようである。建てなおしは大工に頼むほかなく、その費用がいわば「移転費」であった。

とにかく、そのような経緯のあと、大正九年中に洞部落の移転は、ほぼ完了したのだった。

5　元洞《もとほら》と大久保町の現在

畝傍山麓の洞部落が消滅して、すでに一世紀が過ぎた。いま、そこは「元洞」と呼ばれることがある。かつて二〇〇戸余りの民家があった大きな村の跡が、どうなっているのか見てみたくて平成三十一年二月の中旬、現地を訪ねた。

そこには、もう生活のにおいは全く残っていなかった。一帯がシノダケや雑木のブッシュにおおわれ、人ひとりがやっと歩ける、じめじめした道が一筋そのあいだを縫っているだけで、もとはあったはずの村の生活道路も井戸や家々の土台もなくなっていた。あるいは灌木の下に埋まってしまったのかもしれない。

そんな状態の中で、溜め池が一つ木《こ》の間《ま》すかしにちらっと見えた。古い地図によると洞には池が二つあって、それは現在の地形図にも記されている。そのうちの大きい方のように思われた。洞の移転の際、

「無縁仏の骨は池に捨てていった」

と伝えられている。だから、

「池には幽霊が出る」

と、移転を待つあいだ子供たちが怖がったという。ただし、それがどちらの池であったのか、わたしにはわからない。

元洞は、狭い区域に二〇〇軒以上の家がひしめいていた。しかし、その遠景を撮った当時の写

真を見るかぎり、瓦屋根の家が多い。実際、移転直前の記録では、瓦屋根と茅葺《かやぶ》きとが半々であったとされている。そのころの村落としては、茅葺きの比率はむしろ低い方ではなかったか。白壁の家もあった。少なくとも写真からは、とくに貧しいという印象は受けない。

元洞にあった民家が、いまも一軒だけ、ほぼそのままの姿で残されている。丸谷家の住宅で、いったん現在の橿原市大久保町に移築されたあと、改めて同町四〇番地に復元・保存されているのである。ここに人は住んでいない。「おおくぼまちづくり館」という名の人権学習施設になっている。

整備しなおしたせいもあるのだろうが、びっくりするのはその広さとしっかりした造りである。二階建てで、合わせて二〇〇平方メートルほどもあるのではないか。黒光りのする柱や梁は太くて長い。中級の武家屋敷か豪農の住まいといった感じである。丸谷家は、おそらく洞では有数の資産家だったと思われる。が、それにしても大正時代の被差別部落に、これだけの住宅があったことは、わたしには意外だった。

もっとも、旧穢多村や、その後身である被差別部落が一般村にくらべて貧しかったと考えるのは思い違いかもしれない。既述のように、洞は大正初めには二〇〇戸を超す大村《たいそん》であった。もとから大きかったはずはなく、少しずつ、しかし着実に人口を増やしつづけた結果、本村の山本に一〇倍する規模にまでなったに違いない。つまり、それを可能にするだけの条件をそなえていたのである。飢餓線上をさまよう暮らしでは、そんなことにはなるまい。江戸時代も明治以降も、部落の人口増加率は平均して一般村より高かったようである。

まちづくり館のまわりにも、生活に余裕のありそうな家が多い。もちろん、この一〇〇年間に出ていった人もいれば、転入してきた住民もいる。大久保、四条とも、すでに被差別部落とはいえないかもしれない。しかし一方で、元洞住民の子孫も少なくない。

元洞のころには、下駄表の製造が主な産業であった。移転後には、それが革靴製造に変わっている。昭和の末年ごろまでは、地区の男性のほとんどが何らかの形で、それにかかわっていたらしい。わたしが館を訪れた日、ボランティアで案内役をしていた昭和二十二年（一九四七）生まれの男性は、

「わたしは職人ではありませんでしたが、革靴用の牛革を仕入れて職人に卸す仕事をしていました。わたしが若いころには、このあたりは靴職人だらけでしたねえ」

と話していた。

ところが、平成に入る前後から合成革の靴が出まわりはじめ、靴づくりから撤退する者が相次ぐ。いま、この町では靴の製造は全く行われていない。

「合成革の靴は何千円でしょう。だけど、ちゃんとした本革の靴は何十万円ですからねえ、太刀打ちできませんよ。近ごろは、みんなサラリーマンになってしまいました」

男性は、そう言っていた。

「おおくぼまちづくり館」。旧丸谷家の住宅で、もとは洞にあった。

第九章　二人の死刑執行後に真犯人が現れる　東京・下谷の「サンカ」刑死事件

明治時代以後の日本で、無実にもかかわらず死刑になった者は一人もいないとされている。それは法務省の公式見解でもある。もし、冤罪《えんざい》で刑死した人間がいたことが確認されたら、日本の司法制度の根幹をゆるがす事態に発展するだろう。いまなら、おそらく死刑制度の廃止につながるのではないか。

しかし、明治末とやや古い時代のことだが、そのような疑いのきわめて強い事例があった。しかも、刑死者は二人である。この事件は当時も、それなりに大きな問題と認識されていたが、結局うやむやのうちに忘れ去られる。そこには司法当局の、いわば組織あげての画策があったことは間違いない。それとともに、死んだ二人が「貧民窟」の住民で、戸籍があったかどうかもはっきりしない底辺の生活者だったことも、あいまいなまま事件に幕が引かれる原因になったらしく思われる。

1　前原千代松巡査の殉職

明治三十七年（一九〇四）十二月三日の未明、群馬県警の巡査、前原千代松は受持ち内の群馬県多野《たの》郡吉井町（現高崎市吉井町）吉井を巡回中であった。前原は、このとき二四歳、吉井町下《しも》駐在所に勤務していた。

午前一時を少しまわったころ追分街道（現在の国道２５４号）に面した吉井郵便局の近くまで来たところ、郵便局の南向かいの小路から二人の男が小走りに駆け出してくるのが見えた。冬の真夜中、町が寝静まっているさなかに路地から急ぎ足で出てきた二人連れ、巡査でなくても不審を抱かずにいられなかったろう。

「おい、そこの二人、待てッ」

前原は、すかさず声をかけた。

すると、その声が終わらぬうちに、二人は脱兎のように追分街道を東へ向かって走り、すぐ先の交差点で上信電鉄吉井駅に通じる停車場通りへ左折した。この道は四〇〇メートルばかり北で駅にぶつかっている。前原は猛然と男たちを追い、交差点から二〇メートル余り北の根岸宗三郎方の土蔵前で賊の一人に追いつき、うしろから男が着ていた半纏《はんてん》の襟をつかんで、その場に引き倒した。さらに、これを組み伏せようとしていると、先を逃げていた男が引き返してきて、匕首《あいくち》で前原に斬りかかった。巡査がこれを防ごうとした隙に倒されていた方も起き上がり、やはり匕首で前原を襲った。

刃物を手に死に物狂いで攻撃を繰り返す二人組に、前原は十手で反撃したが及ばず、十数分の格闘のあと、ついに力尽きてしまう。のちの解剖で全身二七ヵ所に刺切創を負い、その中には肺部を貫通しているものもあることが確認された。それでも前原は、

「賊だ、賊だ」

と声を振りしぼって叫びながら、二七〇メートルほどにわたって二人のあとを追っていったらしい。

そのころには騒ぎに気づいた住民が駆けつけており、前原は絶命するまでのわずかな時間に、ことのあらましは彼らに説明していた。

現場からは遺留品が発見されたことになっている。ただし、その点数が資料によって違う。一つは、

「犯人が着ていた半纏」

一点であり、もう一つは、

「紺絣《こんがすり》の単衣《ひとえ》、その上に着用していた綿入れ、さらにその上に重ねていた半纏および三尺帯」

の合わせて四点とするものである。

これほどの食い違いがなぜ生じたのか、いまとなってみれば首をかしげるほかないが、とにかく犯人の着物が少なくとも一点は現場に残されていたことは間違いないようであり、これが唯一の物的証拠であった。

当時、科学的捜査といったものは、ないにひとしかった。指紋でさえ、まだ被疑者発見の手段には使われていなかった。警視庁が全国の警察に先がけて指紋原紙の作製を始めたのは、明治四十四年（一九一一）四月のことである。それが多少なりとも犯人探索に活用されるようになるのは、大正時代の半ばからであった。だから、たとえ指紋がはっきり付いた匕首が遺留されていたとしても、それをもとに犯人にたどり着くのは難しかったに違いない。

ところが、事件発生からわずか五〇日余りしかたたない明治三十八年一月二十六日、警視庁は前原巡査殺しの犯人として、まず、

・東京市下谷《したや》区山伏町三四（現東京都台東区北上野のあたり）の川村幸治郎

を、つづいて翌月十七日、

・同区入谷《いりや》町一七八（現台東区入谷）の服部光次郎

を逮捕している。

捜査段階でも裁判でも、川村が前原巡査に追いつかれて引き倒された方、服部が助けに引き返した男だとされた。

さらに、事件当夜、二人とともに吉井町で盗みをはたらいた疑いで、幸治郎の二男の川村幸太郎が逮捕されている。

前原巡査殺しの現場。正面建物の左側あたりで犯人たちに襲われた。

2　なぜ彼らは捜査線上に浮かんだか

事件の現場は現在のJR高崎駅の南南西八キロくらい、群馬県南西部の小さな町である。遺留品としては、何の変哲もない衣類が一点または四点残されていただけであった。それなのに、なぜ遠く離れた東京・下谷の住人が捜査の対象に浮かんだのか。

前原巡査殺しの資料に当たってみても、その辺に的確に触れたものがない。だから推測になるが、川村、服部の二人か、少なくとも

どちらかが以前、吉井町かその近辺に住んでおり、何らかの犯罪にかかわったことがあったため、群馬県警のいわゆる「ブラックリスト」に載っていた可能性が高そうに思われる。とくに川村が吉井駅一帯に土地勘があったことは確実で、川村は前原事件の直前にもこのあたりで盗みに入る家をうかがっていた。それは本人も一貫して認めていたのである。いずれであれ、同県警はかなり早い段階で川村に目をつけ、その線での見込み捜査に踏み切っていた。

協力を依頼された警視庁は、ひそかに川村の身辺をあらっているうち、息子の幸太郎が自宅近くの質屋に浴衣を入質したことを知る。浴衣は洗濯してあったが、血痕らしいしみが残っていた。浴衣は幸治郎のものであることがわかり、その結果、彼は逮捕される。幸治郎は取調べに対して次のような供述をした。

幸治郎は、前原巡査が殺された日の前日に服部とともに汽車で吉井町へ行き、かねて狙いをつけていた同町の米屋に押入るつもりであった。ところが、これがうまくいかず、むなしく東京へ引き揚げてくる。その際、手ぶらで帰るわけにもいかなかったとみえ、途中、住まいに近い東京・三河島で一頭の子豚を盗み、格子縞の浴衣に包んで背負ったがブー、ブーとうるさくて仕方がない。それで、道ばたの石に叩きつけて殺したあと長屋へ持ち帰り、仲間一同と食ってしまった。しみは殺した豚の血痕だというのである。

警察は、そんな話は信じない。ただし当時の技術では、しみだけで人間と動物の血痕の見分けはつけられず、幸治郎の言うことが嘘だと断定もできなかった。幸治郎側としても、しみが自分の話を裏づける役には立たなかったことになる。

しかし、警視庁は川村と、その後に逮捕した服部が真犯人だと信じて疑わなかった。そうなると、無理にでも証拠、証人をでっち上げる気になって不思議ではない。

「こいつらは犯人に間違いない。ただ、その証拠が見つかっていないだけだ」

そのような見通しが冤罪を生んだ例は、ほとんど無数といえるほどに多い。

この事件では、山伏町の岸安次郎と、隣の万年町の田口正吉の二人が、巡査殺しの現場に残っていた、

・紺絣の単衣、綿入れ、半纏の三点は川村幸治郎のもの

・三尺帯は服部光次郎のもの

に間違いないと供述する。それが本当なら、川村と服部が真犯人であることは決定的といってよい。ところが、前橋地方裁判所の法廷で、岸と田口の二人はそろって、

「刑事に頼まれて嘘八百を並べた」

と証言したのである。

さらに、服部の方は犯行当日のアリバイを申し立て、その証人として四人もの男の名前を挙げて強く潔白を主張した。弁護側は当然、四人を法廷へ呼ぶことを請求する。だが裁判所は、それを退けたうえ判決では、

・川村幸治郎　死刑

・服部光次郎　死刑

・川村幸太郎　重禁錮三年

を言い渡した。判決が認定した事実は、おおよそ次のようなものであった。

被告三人は十二月二日の午後五時ごろ、東京・田端から高崎行きの汽車に乗り、終点で降りてから、さらに吉井町へ向かった。午後一一時ごろ、同町の茂木武雄方へ忍び込んだ。服部が見張りをしているあいだに川村親子が六五銭を盗み、そのあと三人は米屋の入江みさ方の雨戸をバタ切りナイフで切り抜いて侵入した。なにがしかの金品を手に入れて逃走途中、巡査に追いかけられ、幸治郎と服部は巡査殺しのあった方角へ、幸太郎は別の方向へ駆けていった。翌日、幸太郎が下谷の住まいへ帰ってほどなく、父親も戻ってきて、

「昨夜の荒仕事で体の節々が痛む」

と話していた。

右を裏づける物的証拠は、ほとんどなかった。遺留品と被告二人をつなぐ糸は、岸と田口の証言で、ほぼ切れていたのである。服部が名を挙げた四人を法廷に呼んで、服部のアリバイが証明されるようなことになっていれば、事件の構図全体がくずれていたろう。しかし裁判所は、その手続きを取らず、二人の人間に死刑を宣告している。

なぜ、あえてそんなことをしたのだろうか。実は、幸治郎の息子の幸太郎と、娘の岩が父親の犯行を認める証言をしていたのである。そのうえ、途中から幸治郎自身も、その線に沿うような供述をしていたのだった。裁判所は、それだけで十分だと考え、岸、田口の証言に目をつぶり、服部側の請求を無視したのだと思われる。

3　肉親の証言が死刑判決の決め手になる

前橋地裁が認定した事実は、まず第一に川村幸太郎の証言にもとづいており、父親の幸治郎も結局それを追認したことによっている。それだけではなく、幸治郎の長女の岩も、紺絣の単衣、綿入れ、半纏はいずれも父親のものに間違いないと述べたのである。これだけ供述がそろえば、少なくとも幸治郎が巡査殺しの犯人だとみなされたのも無理はない。

しかし、服部にアリバイがあったとしたら、結果は全く違ってくる。今日なら当然、彼が名を挙げた四人を法廷に呼んでいたはずである。ところが裁判所は、それをしなかった。その理由は必ずしも明らかでないものの、おそらく捜査当局への過度の信頼が一因ではなかったか。さらに、被告三人が「貧民窟」で暮らす犯罪予備群のような生活者たちであったことも、手続きを粗雑にさせたのかもしれない。

それはともかく、幸太郎と岩はなぜ、父親を売るようなことをし、父親の幸治郎は進んで罪を引き受けるような自供をするにいたったのだろうか。これについても確かなことはわからないとはいえ、考えられることは一つしかないように思われる。それは幸太郎が巡査殺しに深くかかわっており、まず幸治郎が息子をかばう決心をし、ほかの家族も、それに従うつもりになったのではないかということである。

そうなると、巡査殺しの犯人は二人であったことがはっきりしているのだから、だれかを巻き添えにしなければならない。その気の毒な犠牲者にえらばれたのが、服部光次郎であった。川村、服部二人の死刑が執行されたあとの大正二年（一九一三）二月三日付けの『都新聞』（現『東京新聞』の前身）に、同紙の記者が幸治郎の内縁の妻、鈴木やすから聞取った次のような談話が載っている。

「（夫の幸治郎が）死刑と決って面会に参りました時にも、俺は今度の事はとも角、之《これ》まで沢山の罪を犯して居るのだもの死刑位《くらい》は固《もと》より当然の事なれど、可哀想なのは服部だと申しました」

この話は、右の推測を強く裏づけているといえるのではないか。

川村幸治郎は、前原巡査が殉職した明治三十七年十二月当時、数えの五七歳くらいであったらしい。「氏不詳」とした資料もあり、また名前もさまざまに書かれている。どうも生来の無籍者であったように思われる。本章でずっと「川村幸治郎」としてきたのは、あくまで便宜上からである。

住まいの東京・下谷あたりでは「法印の磯」のあだ名で知られた「山窩凶賊《さんか》」の親分であった。当時の新聞によく見られた「山窩」は、「各地を漂浪しながら犯行の機会をうかがう危険な無籍者の集団」といったほどの意味だが、本来の「サンカ」は「農具の箕《み》や機《はた》織り具の筬《おさ》の製造・行商、竹細工、川魚漁などを生業とする無籍・非定住の職能民」のことである。両者は截然《せつぜん》と区別できるようでありながら、とくに無籍・非定住という点で共通するところがあり、部分的に重なっている場合も少なくなかった。川村自身は資料によるかぎり、職能民としてのサンカではなかったようだが、まわりにはサンカとおぼしき者もかなりいたことがうかがえる。

東京の下谷万年《まんねん》町（現台東区北上野のあたり）は、警察関係者にはサンカ（山窩）の集住地として知られていた。万年町は関東大震災が発生する大正十二年（一九二三）ごろまで、四谷の鮫《さめ》ヶ《が》橋《はし》、芝の新網《しんあみ》町と並んで東京の「三大貧民窟」の一つに数えられる細民街であった。川村の住んでいた山伏町も、服部の暮らしていた入谷町も万年町にごく近く、似たような町だといってよかった。

服部は川村より二一歳ほどの若年で、川村の子分であった。といっても、ヤクザのような絶対的な上下関係にあったわけではない。サンカの親分は、どちらかといえば目上の経験豊富な者を指すにすぎなかった。だから上納金など払うことはなく、川村にしても浴衣を質に入れるような暮らしぶりだったのである。彼らは細民街の棟割り長屋に家族ともども雑居していることが多く、仲間が転がり込んでくれば体を重ね合わせるようにして寝ることも珍しくなかった。衣類の貸借も普通のことで、仮に吉井町に遺留されていた半纏などが川村のものだと確認されたとしても、だれかに貸していた可能性もありえたろう。弁護側も、そのような主張をしていた。

明治時代後半の四谷・鮫ヶ橋。『新撰東京名所図会』より。
川村幸治郎らの住まいも、こんなところであったろう。

前原巡査が殺された明治三十七年十二月、二男の幸太郎は一七歳だったとされている。これは数えだから、満では一六歳ではなかったか。とにかく、いまなら高校生の年齢である。幸治郎が犯罪で一家の暮らしを支えていたとはいえないにしても、かなり常習性の強い犯罪者だったことは間違いあるまい。そうして、幸太郎も同じ道を歩みつつあったことは、二人の供述からも明らかであった。幸太郎は前橋地裁の判決を受け入れ、少年であったから埼玉県の川越懲治場《ちょうじ》で服罪している。

一方、父親と服部は控訴して、審理は東京控訴院（現在の東京高裁に当たる）へ移された。この第二審から両被告の弁護に当たったのは、布施辰治である。布施は、このときはまだ駆け出しだったが、のち朝鮮人関連の事件を積極的に引き受け、戦後は三鷹事件、松川事件、血のメーデー事件などにかかわって人権派弁護士として著名になる。

布施は、その立場からではなく、どうやら本当に二人が無罪だと信じて弁護活動をしたようである。当時、彼は訪ねてきた『都新聞』の記者に対して、

「父の幸治郎へは、確かに幸太郎の犯罪だと思わせるような取調べをしたものだ。さあ、そうなると、さすがに父子の情愛で、たとい自分は罪に陥るとも、せがれを助けたい一念から根もない自白でさっぱりと身に覚えない罪を着たものだ」

と語っている。

布施は、どちらかといえば幸太郎の方に疑念を抱いていたらしい。「せがれは巡査殺しの正犯人であったかもしれない」とも漏らしていたからである。

4　真犯人を名指しする人物が現れる

布施辰治の弁護もむなしく、川村幸治郎、服部光次郎の二人を死刑とした前橋地裁の判決は、東京控訴院、大審院（最高裁）を通じてくつがえることはなかった。

二人の死刑執行日は、どういうわけか資料によってまちまちである。しかし、この事件を冤罪の視点から追求した元読売新聞社新聞監査委員、佐藤清彦の調査で明治四十一年九月九日であったことが確認されている。佐藤の取材記録は、『週刊読売』一九八五年十一月十七日号から六回にわたり、「無実の二人、刑死す」と題して連載された。

主として、その記事によると、川村、服部の犯行とする判決に疑問をはさんでいたのは布施だけではなかったようである。当時、東京監獄の典獄（所長）だった藤沢正啓《まさひろ》は、二人の無実を証明しようとしていたといい、同監獄などで死刑囚らの教戒に当たっていた田中一雄は右の判決について、私記に「誤判の疑いがある」と書き残しているということである。これだけでも判決には無視できない不審点があったことがうかがえるが、結局、うやむやのうちに「すんでしまったこと」になっていた。

ところが、事件から八年余、死刑執行から四年四ヵ月余たった大正二年（一九一三）一月、前原巡査殺しの真犯人を名指しする者が現れたのである。その男は山口団蔵といった。団蔵は、明治末から大正初めにかけて、一都六県を荒らしまわった男三人、女二人で構成された強、窃盗団「黒装束五人組」の首魁であった。彼らは女一人を除いて、職能民集団としてのサンカ社会に出自をもっていた。

団蔵らは前年の大正元年十二月十一日の未明、山梨県甲府市伊勢町地先の通称「竹の鼻」で逮捕されていた。竹の鼻は、笛吹川の支流、荒川沿いの竹林の中に粗末な小屋や天幕が点在する「山窩のセブリ」であった。セブリは漂浪民の集住地を指す彼らの隠語である。都会と地方都市の郊外の違いはあっても、東京・下谷の万年町と似た性格の場所だったといえる。

団蔵は、黒装束による犯行六〇件以上を、すらすらと自供していた。仲間の自供や、ほかの証拠から罪は逃れられないと覚悟したのであろう。その犯行は大胆不敵で、一部だけでも無期懲役が避けられないことは明らかだった。全部認めても無期、一部でも無期と考えて全面自供になったらしい。

五人を逮捕した甲府署は、黒装束の犯罪を固めおわったあと、団蔵に「御坂《みさか》峠の学生と僧侶殺し」の犯人ではないかとの疑いをかける。それは明治四十三年（一九一〇）十一月二日、山梨県東八代《やつしろ》・南都留《つる》両郡境界の御坂峠で学生風の若者と旅僧が短銃で射殺された事件で、まだ犯人逮捕にいたっていなかった。

団蔵は、川村幸治郎に匹敵する犯罪の常習者で、警察や権力の怖さは身にしみてわかっていた。彼は御坂峠事件にはかかわっていなかったが、その犯人にでっち上げられる恐れを抱いた。これで有罪となったら、死刑は揺るがない。それで、
・「三州籠屋」こと松沢熊吉
・「兼公《かねこう》」こと永瀬兼吉
の二人が同事件の犯人だと警察に漏らしたのである。松沢も永瀬も「山窩」であり、団蔵や川村の連累であった。どうやら、彼らのあいだでは二人の犯行であることは、かなり広く知られていたらしい。団蔵は自らを守るため彼らを売ったことになる。

永瀬は、この前年に岐阜監獄で病死していたが、松沢は逮捕・起訴されて死刑の言い渡しを受

け、大正三年（一九一四）二月に執行されている。

山口団蔵は甲府署に、もう一つ重大な事実を密告した。前原巡査殺しの本当の犯人の名を挙げたのである。団蔵が二つの告白をしたのは、黒装束五人組の一人で自分の愛人だった小山タミの罪を軽減させることを条件にした警察との取引きであった可能性が高い。タミは懲役六ヵ月という、ほんの微罪に当たる判決を受けたにすぎなかった。

団蔵が巡査殺しの真犯人だと指摘したのは、

甲府市郊外・竹の鼻の山窩のセブリ（望月紫峰『関東兄イ』より）

・「川越の長《ちょう》」こと沢辺長吉
・「猿橋の安《やす》」または「隠居の安」の通称で呼ばれていた本名不詳の男

の二人であった。

「川越」は現在の埼玉県川越市のことである。長吉は同市小《こ》仙波《せんば》の生まれだとされていた。「猿橋」は、日本三大奇橋の一つ「甲斐の猿橋」がかかる現山梨県大月市猿橋町猿橋を指している。安は、ある時期、ここのセブリで暮らしていたことがあった。彼が無籍者だったことはほぼ確実で、普通の意味での「本名」はなかったと思われる。それは、この項に登場するおおかたの人間についてもいえることだった。当時の新聞を繰っていると、それぞれに対していくつもの呼び方、表記が見える。本書で一つに統一しているのは、あくまで煩雑を避けるためである。

5　山口団蔵の告白は信用できるか

もし団蔵の言ったことに間違いがないとすれば、川村幸治郎、服部光次郎の二人は、無実の罪で刑死したことになる。団蔵を取調べていた甲府署と、その上部組織の山梨県警は色めき立った。捜査の結果しだいでは、日本の司法制度を根底から揺るがす事態に発展し、そうなると司法当局があげて捜査つぶしに出てくる可能性があった。しかし、山梨県警は初めそこまでは考えなかったらしく、大正二年一月二十日付けの『山梨日日新聞』には、

〈死刑執行後に真の犯人現はる
　八年前の巡査殺しは団造《(ママ)》の連累〉

などの見出しを立てた長文の記事が載っている。内容と量から判断して、警察が積極的に取材に応じたことは確実であろう。

裏づけ捜査の最初の障害は、犯人として名指しされた二人のうち「猿橋の安」がこの前年の夏ごろ静岡県で天然痘のため死亡していたことだった。さらに、何らかの形で事件にかかわっていたらしい川村幸太郎も、同じ年の十一月、東京の小菅監獄で服役中に病死していた。幸太郎は、群馬県吉井町での窃盗罪で重禁錮三年の刑を言い渡されて服役したあと、また別の事件で有罪になっていたようである。

もう一人の沢辺長吉は同じ大正元年の十二月三十日、すなわち右の記事が出る二〇日ばかり前に、静岡県庵原《いはら》郡江尻町（現静岡市清水区江尻町）の「隠れ家」で仲間とともに逮捕されていた。共犯とされた安と、その疑いがある川村幸太郎が生きていないのだから、全容の解明は長吉の供述にまつほかない。

長吉は当然、知らぬ存ぜぬで押し通した。自供は死刑に直結していたのである。もし、すでに有罪が確定して刑死した者がいなかったとしたら、長吉は犯人とされていた可能性が高い。証拠としては団蔵の供述だけで十分であった。それをもとに警察は長吉を拷問したに違いない。彼が仮に、それに耐え抜いたとしても調書では自白したことになっていたのではないか。そんな例は、犯罪史上にゴマンとある。

だが、新聞が幸治郎と服部は冤罪だったのではないかと騒ぎはじめるにしたがい、捜査は尻すぼみになっていく。内務省が組織の存続をかけて山梨県警に「慎重な捜査」を働きかけていたことは想像に難くない。長吉は別件の強、窃盗事件で訴追されただけであった。それでは、団蔵の告白は、どの程度の信憑性があるのだろうか。

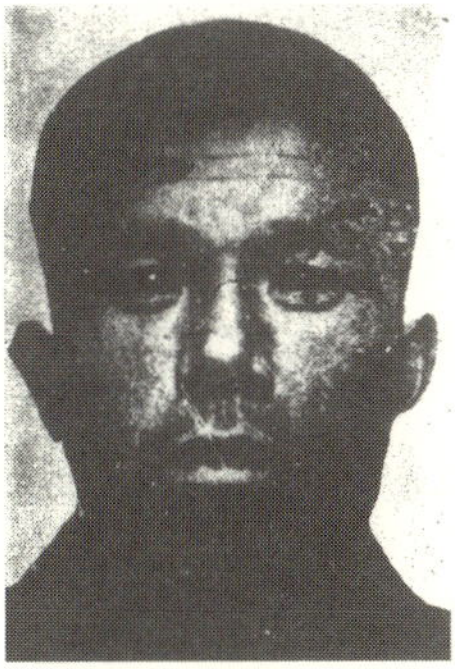
山口団蔵（『関東兄イ』より）

団蔵は長く東京・下谷の万年町に住んでいたことがあり、内縁の妻の留《とめ》は「短冊のお留」の通称で知られた「山窩の連累」であった。甲府・竹の鼻で逮捕されたとき潜んでいたのは、長吉のおば沢辺カンの小屋である。そのほかにも、サンカ集団に身を置く者たちと深いつながりがあって、その内部によく通じていた。彼らは外部の人間には強い警戒心を抱き、口が堅いとされていたが、仲間うちでは自らの犯罪について自慢ばなしをしたりすることもあったらしい。現に、御坂峠事件も彼らのあいだでは、だれの犯行かわりと広く知られていたのである。そのような一般論とは別に、長吉と巡査殺しをつなぐ状況証拠がないわけではなかった。

川村と服部の死刑が執行されたあと、長吉はいっとき現東京都大田区池上の通称「東関《とうかん》の森」で暮らしていた。そこには当時、警察関係者のあいだでは著名な「山窩の巣窟」があった。年月日ははっきりしないが、ここで妙な事件が起きている。

巡査殺しの真犯人は長吉だと知った川村幸治郎の子分、姓不詳次郎吉が、親分の仇を討つつもりで何気ない風をよそおい、東関の森にいた長吉のもとに近づいたが、その底意を見抜かれ、逆に殺されたというのである。このとき次郎吉は妻、子供二人を伴っており、殺されたのは子供の一人で、本人はあやうく難をまぬかれたとする新聞記事もある。

ただし、ここでの事件について、別の資料はかなり違った内容を伝えている。東関の森を訪ねたのは幸治郎の妻やす、服部光次郎の妻のぶ、幸治郎の子分の村田留吉、姓不詳徳次郎の四人で、彼らは長吉の母の愛人、金井広吉に会って、長吉に自首をすすめてくれるよう訴えたとする。広吉は、これを金で解決せんとし、長吉に六〇円を出させて留吉、徳次郎に渡したが、二人はその金を横領して姿をくらましてしまう。長吉は、それを広吉のせいだとして、彼のセブリを襲い、広吉の子を殺し、広吉にはけがを負わせて山梨県へ逃亡したというのである。

東関の森での事件は、警察沙汰にはなっていない。そのせいもあって、いったい何があったのか、いまひとつ明確ではないが、長吉が巡査殺しの真犯人であることは、彼らの仲間うちでは周知のことだったように思われる。

前原巡査殺し事件には、刑死した二人を犯人とする決定的な証拠はないにひとしい。その捜査から判決確定に至るまでの経過を虚心に振り返ってみれば、川村も服部も冤罪であった可能性がきわめて高いのではないか。とくに服部の方は、ほぼ間違いなく事件と無関係だったといえそうである。服部は執行に臨んで、

「この恨みは、きっと晴らしてみせる」

と遺言したと伝えられている。

第一〇章　研究者と対象集団とのあいだ　北海道・アイヌ墓地の盗掘事件

平成二十五年、文部科学省の調査によると、全国一二の大学に個体として識別できるアイヌの人骨が一六三六体、できない遺骨が五一五箱分も保管されていたという。同年、北海道大学は一〇二七体のアイヌ人骨が学内に保管されていると報告している。それらのほとんどか、すべてが明治以降に死亡した人びとの骨のようである。アイヌの人口は統計の不備より、むしろ和人との混血および自己認識などの点から正確に推測しがたい面があるが、ここ一世紀半ほどにかぎれば、おそらく二万人台、三万人を大きく超えたことはないのではないか。

そのような小集団の人骨が、個体の特定できる遺骨だけで一六〇〇体余りも各大学に存在していたのは、研究者たちが意識的、積極的に「収集」したからである。中には墓地の「盗掘」によるといわれても仕方ない方法が含まれていた。昭和五十年代になって、大量の遺骨が大学にある事実と、それが集められたいきさつに疑問を抱くアイヌが現れ、やがて返還訴訟へ発展していく。それは和人研究者だけでなく、アイヌに差別と侮蔑のまなざしを向けつづけてきた和人全体への抗議と怒りを背景にしているように思われる。

1　「遺骨を地元に返してほしい」

文科省や北大の調査は、自主的に始められたものではない。アイヌの要求に背中を押されてのことである。その最初の一石を投じたのは、北海道沙流郡日高町《さるひだか》出身のアイヌ海馬沢博《かいばさわ》（一九二二年生まれ）であった。

海馬沢は昭和五十五年（一九八〇）十一月から数回にわたって、北大学長に手紙を出して次のような骨子の質問と要求を伝えている。

・アイヌ民族の墓を掘り起こし、人骨を持ち去ったのだから、研究が終わったなら元の墓地に返すのが筋ではないか。
・墓を暴いたとき一緒に持ち去った付属埋葬品を公開してほしい。
・何を研究するためにアイヌ民族の人体骨を一五〇〇体も必要としたのか。
・研究終了後、遺族に返還する約束になっていたが、なぜ返還しなかったのか。
・児玉コレクションと称するものの一部を白老《しらおい》の資料館に寄贈すると報道されているが、本来、個人の所有でないものを寄贈するなどあり得ない。

右に見える「児玉コレクション」とは、もと北大医学部教授の児玉作左衛門が墓地から集めた遺体の副葬品や、私費で購入したといわれるアイヌの民具類などを指している。児玉は、北大が保管していたアイヌ人骨のほとんどすべての収集にかかわった解剖学者、人類学者で、海馬沢が最初の手紙を出す一〇年前の昭和四十五年、七五歳で死去していた。

海馬沢の手紙が、北大学長や、その周辺にいた大学関係者を困惑させたことは想像に難くない。最も事情に通じた児玉はすでに亡く、いずれの関係者も専門が違い、「学長といえども個々の研究者の研究内容に関与できない面がある」（海馬沢への返信の一節）からである。好意的に解釈すれば、その後、北大がすみやかな対応をとれなかったのは、たぶんに右の事情によっているのではないか。むろん、だからといって、海馬沢が引き下がれるはずがない。彼はしだいに北大への不信を深めていく。

海馬沢は東京の麻布獣医学校を卒業、北海道自治労の副委員長を務めたこともあり、当時は「北海道民族問題研究会」代表を称していた。この会は実質的には海馬沢個人で運営していたらしい。そうして、どんないきさつがあってのことか、この問題でアイヌの最大の団体である「北海道ウタリ協会」（現「北海道アイヌ協会」）との連携を拒んでいた。それも北大側の態度に影響を与えていたようである。

やがて、アイヌ遺骨返還運動を一人で始めたといってよい海馬沢が、運動から身を引くことになる。跡を継いだうちの一人、小川隆吉は著書『おれのウチャシクマ（昔語り）』（二〇一五年、寿郎社）に次のように記している。

「北大はウタリ協会を頼ってきたんだと思う。あれだけ熱心に北大を追及していた海馬沢さんは、それ以後遺骨問題に顔を出さなくなった。バッサリ切られたようにみえた。北大は、難しい話になるとウタリ協会に窓口を一本化する」

小川は浦河郡浦河町杵臼生まれのアイヌで、そのころウタリ協会本部の理事であった。

小川は、海馬沢の指摘で初めて、そんな事実があることを知り、驚くとともに返還運動に加わる。昭和五十八年一月、ほかのウタリ協会幹部らと北大医学部を訪れ、三階の動物実験室に動物

の骨と並んで、多数のアイヌの頭骨が置かれていることを目にしたのだった。その光景に、

「なんともいえない怒り、悔しい気持ちでいっぱいになった」

彼は、それから本格的に運動に本腰を入れることになる。

北大との交渉では、それなりの成果はあった。北大は構内にアイヌ納骨堂を建設したし、遺骨の一部をウタリ協会の支部に返還している。明治三十二年（一八九九）制定の「北海道旧土人保護法」が平成九年に廃止され、新たに「アイヌ文化振興法」が成立したのも、遺骨返還運動の広がりと無縁ではなかった。

しかし、遺骨の全面的な返還はなかなか実現しない。北大が祭祀承継者にかぎって「ご遺骨をお渡しする」としたからである。つまり、遺族のはっきりしない遺骨は返すことができないとの立場であった。ところが、アイヌの葬制ではコタン（集落）近くの共同墓地に遺体を土葬したあと墓石などは建てないから、しばらくたつとだれの骨かわからなくなってしまう。これでは、いつまでもらちが明かない。

北海道略地図

そこで小川隆吉、城野口《じょうのぐち》ユリら浦河町杵臼コタン生まれのアイヌが平成二十四年九月、北大を相手取って遺骨返還請求訴訟を起こしたのだった。原告側の主張は、

「遺骨をコタンへ返せ」

であった。個人への返還を求めたのではない。

2　アイヌ人骨収集の軌跡

アイヌは不思議な人種、民族で、周辺に似た集団が全く存在しない。よく「人種の孤島」と称され、アイヌ語は「言語の孤島」といわれるゆえんである。その風貌は東アジアのどの人種、民族とも大きく異なり、どちらかといえばユーロポイド（ヨーロッパ人種）に近い感じがする。実際、そう考える者も、かつては少なくなかった。アイヌ語学の泰斗、金田一京助なども、その一人であった。

しかし、そのような見方はヨーロッパ人の方に多く、彼らはアイヌを、「モンゴロイド（東アジア人種）に追いつめられた、かわいそうなユーロポイド」と、みなしがちであった。

日本人が幕末以来、しばしばアイヌを差別・軽侮の対象にしていたのに対し、ヨーロッパ人は一般にずっと好意的だったようである。イギリス人の旅行家イザベラ・バードの『日本奥地紀行』には、それを象徴するような文章が見える。

バードは明治十一年（一八七八）、横浜に上陸、六月から九月にかけておよそ三ヵ月間、主に東北と北海道を馬に乗って旅行している。次は、彼女が八月に幌別（現登別市幌別町）で会ったアイヌの成人男性について述べたくだりである。

「その大人は純粋のアイヌ人ではなかった。彼の黒髪もそれほど濃くはなく、髪も髭もところどころ金褐色に輝いていた。私はその顔形といい、表情といい、これほど美しい顔を見たことがないように思う。高貴で悲しげな、うっとりと夢見るような、柔和で知的な顔つきをしている。未開人の顔つきというよりも、むしろサー・ノエル・パトン（英国の歴史画家）の描くキリスト像の顔に似ている。彼の態度はきわめて上品で、アイヌ語も日本語も話す。その低い音楽的な調子はアイヌ人の話し方の特徴である」（平凡社版による。高梨健吉訳）

バードには「イトウ」（近年の研究で伊藤鶴吉がフルネームだと明らかにされている）という通訳が同行していた。イトウのアイヌに対する態度は、バードとは正反対であった。イトウは、北海道旅行に当たって、これから接するアイヌに親切にすることがいかに大事かを説明されたとき憤慨して、

「アイヌ人を丁寧に扱うなんて！　彼らはただの犬です。人間ではありません」

と言ったという。このような感覚は当時、必ずしもイトウにかぎったことでもなかったのではないか。

イザベラ・バードがスケッチした2人のアイヌ人男性。ただし、写真をもとに描いた可能性がある。『日本奥地紀行』より。

アイヌに学問的関心を抱いたのも、ヨーロッパ人の方が早かった。初期の代表的アイヌ語研究者のバジル・チェンバレンやジョン・バチェラーは、いずれもイギリス人であったし、知られているかぎりで最も古くアイヌ墓地を「発掘」したのもイギリス人だったようである。

英国箱館（函館）領事館の関係者が、日本人

の協力を得て箱館北方の森村（現茅部《かやべ》郡森町）と落部《おとしべ》村（現二海《ふたみ》郡八雲町）のアイヌ墓地をあばいたのは、慶応元年（一八六五）のことであった。これに気づいたアイヌが箱館奉行に訴え出て、イギリス政府はその行為を犯罪として処罰しているから、明白な盗掘であったと思われる。このとき盗掘された人骨は森の分が三体（または四体）、落部が一三体であったらしい。遺骨は返還されたことになっているが、森村の分は偽物で、本物はイギリスに持ち去られたといわれている。イギリス人ひいてはヨーロッパ人がアイヌに対して、いかに強い「人類学的」関心を寄せていたかがわかる。

明治維新後、欧米の学問が大がかりに輸入されて、日本人の中にもアイヌ研究をこころざす者が出てくる。彼らもまた、アイヌ人骨の収集に熱心であった。日本人で初めてそれに手をつけたのは、東京帝大医学部教授の小金井良精《よしきよ》である。植木哲也「アイヌ民族の遺骨を欲しがる研究者」（北大開示文書研究会編『アイヌの遺骨はコタンの土へ』所収）などによると、小金井は明治二十一年（一八八八）、同じ大学の坪井正五郎と、翌年には妻の喜美子（森鷗外の妹である）とともに北海道各地を旅行し、アイヌの墓地から頭骨一六六と副葬品を持ち去っている。彼は、それをもとにドイツ語で論文を発表し、アイヌ研究の大家として国際的にも知られるようになった。

大正十三年（一九二四）には、京都帝大医学部教授の清野謙次が当時、日本領だった樺太（現ロシア領サハリン）で五〇ほどのアイヌ人骨を収奪している。清野には病的な収集癖があった。昭和十三年（一九三八）六月、京都神護寺（高野山真言宗）を訪ねた折り、同寺の経典数十点を無断で持ち出して帰宅途中、通報によって駆けつけた刑事が清野を尋問、カバンの中に盗品が入っていたため窃盗罪で逮捕された。その後の調べで自宅や大学の教授室から、一〇〇〇点を超す無断帯出品が見つかったという。それらは京都市内の二二の寺社が所有する経典などであった。清野は起訴され、懲役二年（執行猶予五年）の判決を受け、教授職を辞した。

3　どんな発掘であったか

アイヌ墓地の発掘は昭和になると、さらに大規模化する。それを主導したのは、地元の北海道帝国大学であった。そうして、常にその中心にいたのが昭和四年（一九二九）、北大医学部教授に赴任した解剖学者、人類学者の児玉作左衛門である。

児玉には当然、自らが育てた弟子が多数おり、彼らによる遺骨発掘は同四十七年までつづいていた。四十七年は児玉が死去して二年後、海馬沢博が北大に最初の質問状を出す八年前になる。結局、北大が保管していた一〇〇〇体を超す人骨収集のほぼすべてに、児玉がかかわっていたといってよい。

児玉らの発掘は、もちろん純粋な研究心によるものであった。ただ、アイヌの立場から見れば問題がないわけではなかった。例えば、昭和九年のユーラップ（遊楽部、現二海郡八雲町）での発掘である。児玉は土地所有者の椎久《しいく》年蔵の「快諾と申し出」および「役場の諒解」を得たうえでのことだったと述べている。

昭和五十七年十月十日付けの『北海道新聞』によると、それに立合った年蔵の息子、堅市に対して児玉は、

「アイヌが日本人だということをはっきりさせるために必要だ。お国のためだ」

と言い、あとで慰霊碑を建てることを約束していたが、実行されなかったという。

この発掘は警察の取調べを受けている。児玉は警察が、

「人骨を粉にして薬にするという噂を信じていたらしい」

と、のちに回想しているが、そんなことで大学教授を調べたりするとは思えない。墳墓発掘罪の疑いを抱いていたのではないか。アイヌ墓地に埋葬される者はコタンの全成員に及び、だれか個人の同意で掘り返したりすることはできないはずだからである。

昭和三十年に静内《しずない》町（現日高郡新ひだか町）で行われた発掘では当時、静内高校の教諭だった藤本英夫が作業を手伝っている。藤本はアイヌ文化研究者であり、アイヌ出自の著名なアイヌ語学者、知里真志保《ちりましほ》の伝記『知里真志保の生涯』の著者でもある。藤本は、

「墓地改葬にともなうものとして、告知のうえ無縁仏として掘った。町との約束では研究が終わったら返す、ということになっていた。だから当然、無縁墓地に納められるべきでしょう」

『北海道新聞』の記者に、そう語っている。

北大を相手取り最初に遺骨返還請求訴訟を起こした原告の一人、浦河町杵臼コタン生まれの城野口ユリは平成二十七年三月に病没しているが、その直前、『アイヌの遺骨はコタンの土へ』を編纂した北大開示文書研究会のメンバーに次のように話していた。

「（発掘後の）穴だらけのとこ歩いたんだ。お墓の。びっくりしてびっくりして。『ここ落ちるなよ、上がれないぞ』って。びっくりしたの。『だれがこういうことやったんだべ』って言ったら、

北大の、児玉だかっていう医者が来て、五、六人、医者連れてきて、こう掘って、ガス灯点けて掘ったらしい。ガス灯って分かる？（夜間に発掘があったのですか？　の問いかけに）夜やったんだ。隠れて。（後ろめたいから夜掘ったんですね？　の問いかけに）そうだ。大きな穴だったよ。あれ、機械で掘ってたんかあ？」

発掘側に内心、忸怩たるものがあったことは間違いあるまい。

児玉作左衛門は、収集した膨大なアイヌ人骨の研究で悲惨な蹉跌を経験している。ユーラップ（現八雲町）で得た一三二体のうち四〇体の頭蓋大後頭孔縁部に損傷があったことをとらえ、

「それは小刀を用いたものであることが容易に判断できる」

人為的損傷であるとし、

「薬用目的に脳髄を取り出した」

と述べたのである。『アイヌの遺骨はコタンの土へ』によると、児玉は戦前、右のテーマだけで八本（講演概要を含む）の論文を書いたという。

ところが、昭和四十四年になって自説を疑問視し、ネズミがかじったものであることを示唆するに至る。翌年、児玉が死去したあと、実子の児玉譲次（のちに北大医学部教授）が正式に父の主張を取り下げている。これを「お粗末」といって笑うのは酷で、児玉をそのような推測にはしらせた原因の一つに、当時も、そしていまも根強いアイヌへの偏見があったのではないか。

どんな人間も、時代の空気を吸って生きている。その中には差別意識も先入観も含まれており、だれにしろ、それから完全に自由であることは難しい。児玉がアイヌ研究に貢献した実績は、と

きに不適切な方法もあったらしいアイヌ人骨の発掘や、脳髄の薬用目的説とは、また別であると思う。

4 アイヌの葬法について

共同墓地からのアイヌ人骨収集問題を考える際、アイヌの葬法について知っておくことが重要になる。それをアイヌ文化保存対策協議会編『アイヌ民族誌』（一九六九年、第一法規出版）によって紹介しておきたい。この本の監修者には児玉作左衛門も入っている。

・墓地はコタンに近い山の中腹あるいは丘陵上に設けられる。
・共同墓地ではあるが、一家が一区画を占めるような決まりはなく、死者が出るにしたがい、順次二・七メートルないし三・六メートルくらいの距離をおいて墓穴を掘る。
・墓地は遺体を遺棄するところで、詣でるところではない。
・埋葬後、木の墓標（アイヌ語で「クワ」）を立て、うしろを振り返らず家に帰る。
・墓標も遺骨も、埋葬後は朽ちるにまかせる。
・個々人が墓参りをすることはない。ただし、コタンにおいてシヌラッパまたはイチャルパと呼ぶ慰霊祭をコタンの成員全体が参加して行う。

遺体の上に石の墓碑を建てることはしないので、ほどなく、だれがどこに埋まっているのかわからなくなってしまう。つまり、骨が出てきても遺骨承継者を特定できないのである。北大は当初、遺骨返還は承継者に限るとしていたが、これにこだわると遺骨の返還は実現しないことになる。

　当のアイヌも、遺骨返還運動に加わっている和人も、おそらくほとんどのアイヌ研究者も、これをアイヌ独特の葬制で、和人のそれとは全く違うと思っているようである。しかし、これは誤解で、そのような葬制は本州の一部地域にも広く見られる。いや、中世ごろまでは、日本のほぼ全域でそれが一般的であった可能性が高い。その辺について少し取上げてみたい。

　民俗研究者らが「両墓制」と称する葬法がある。墓が二つ存在するので、そのような名で呼ぶようになった。一つを「埋《う》め墓《ばか》」、他を「詣《まい》り墓《ばか》」という。ただし、いずれも研究者用語に近く、それぞれの地方ごとにいろいろの言い方がある。

　次は平成二十一年七月、群馬県甘楽《かんら》郡南牧《なんもく》村星尾で、わたしが石井姓の男性（一九二六年生まれ）から聞いた話である。

滋賀県甲賀市土山町大野の埋め墓。いまでも使っている例で、ここには骨を埋める。石の墓碑は別の場所に建てる。

「星尾には現在一五〇戸ばかりありますが、その中の石井姓の家五、六戸だけは、ほかと違った葬式をしていました。死者が出たら、遺体は箱のような四角の座棺に入れて土葬することになります。これは星尾では、みな同じでしたが、わたしらだけが使う共同の墓地がありましてね、そこへ埋葬したあとは、どんな目印も付けておかないんですよ。ですから、だれが、どこに埋まっているのか、立合った人間しか知りません。時間がたてば、その人たちも忘れますしね、やがて全くわからなくなります。

そこには墓石は建てません。墓をつくるのは、もっと村に近いところで、墓参りはこちらでしますねえ。埋葬地に墓参りに行くことは、初めからしませんよ。骨はそちらの方にありますからね、墓石の下には納骨室はなかったんですよ。だけど、何十年か前、村の葬式が火葬になりましたからね、わたしんところでは納骨室をつくりました」

男性によると、埋葬地をただ「ボチ」といい、墓のあるところを呼ぶ名は、とくにないという。とにかく、このボチ（埋め墓）がアイヌの共同墓地と同じ性格の場所であることは、だれの目にも明らかであろう。

両墓制は近畿地方に濃密に分布する葬制で、九州と東北にはほとんど見られない。そのあいだの中国、四国と中部、関東では一部で行われていただけである。星尾では、既述のように石井姓の人びとにのみ伝えられていた。おそらく、彼らは近畿地方のどこかから移住してきたのではないか。

両墓制の成立事情は、いまのところはっきりしないとされているが、その本質が埋め墓の方にあることは間違いないと思われる。詣り墓は、江戸時代になって墓石文化が普及したあと、それに影響されて始まった可能性が高い。

埋め墓は一種の林葬、もっとあからさまな言い方をすれば放置葬に近いといえる。しかし、これが中世までの庶民の普通の葬送だったのではないか。『日本三代実録』元慶《がんぎょう》七年（八八三）正月二十六日条によると、現在の中国東北地方東部にあった渤海《ぼっかい》国の使節団の入京に際し、経路に当たる加賀、越前、近江、山城などの国々では、路辺の死骸を埋めさせたという。この記事は、死者をそこらあたりに放置しておく葬送があったことを示している。それにくらべたら、埋め墓は一歩、前進であった。

遺灰を川に捨てる葬送も、鳥取県東伯《とうはく》郡湯梨浜町浅津《あそうづ》などでは第二次大戦後までつづいていた。死者があると野天の火葬場で焼いたあと骨を粉々に砕いて、そばの東郷池に通じる小川に投じていたのである。そのため浅津には、ごく最近まで墓がなかった。これも古くからの庶民の葬送を受け継いでいるようである。

『続《しょく》日本後紀』承和九年（八四二）十月十四日条には、東西悲田院の乞食らに料物を給して、平安京の嶋田川（現御室《おむろ》川）と鴨川の河原から「髑髏《どくろ》」合わせて五五〇〇余をひろわせ、「焼斂《しょうれん》」させた旨の記事が見える。九世紀のころ、平安京をはさむ二つの川には、死体をそのまま投げ込んでいたことになる。遺体と遺灰の違いはあるが、これは時代の推移にともなう変化だと考えられる。

なお、アイヌは遺体を共同墓地に埋葬後、「うしろを振り返らず家に帰る」ということだが、この「うしろを振り返らず」は和人の葬送儀礼や祭祀でも広く行われている習俗である。このことから考えて、和人の葬法がアイヌに伝わった可能性もあるのではないか。アイヌ語のカムイ（神）やヌサ（幣《ぬさ》を立てる場所）なども、日本語から借用したらしく思われる。

5　彼らは差別と侮蔑に対して怒っている

アイヌが共同墓地に遺体を埋めたきりにする葬法も、和人のあいだに残っていた埋め墓も、現在ではすでに消滅している。両方とも土葬を前提にしているが、それが原則として禁止され、火葬に変わったからである。

地中の骨はいずれ朽ちはてるうえ、墓地に恒久的な標識は立っていないので、そこは早晩ただの原野と区別がつかなくなる。群馬県の星尾では、かなり前にそうなっている。アイヌの場合もほぼ同じらしく、もう「墓地跡」になってしまったようである。ただし、もとの場所が新たに共同墓地として整備された例はある。既述の小川隆吉や城野口ユリらが生まれた浦河町杵臼などは、その一つに数えられる。

「先祖の遺骨をコタンに返せ」

の要求は、もとの埋葬地に埋めなおせという意味ではない。大学の陳列棚に並べられていることが我慢ならず、先祖が生まれ育ち、そして死んでいった故地へ返そうとする運動である。

北大などに対する遺骨返還請求訴訟は、平成二十四年の浦河町につづき紋別市、十勝郡浦幌町、旭川市、日高郡新ひだか町などのアイヌも起こしている。現在（平成三十一年三月）までに、おおかたで和解が成立、遺骨はコタンへ返還されているようである。

その経緯を見ていると、アイヌが本当に怒っているのは和人たちが自らに向けてきた、そして向けている差別と侮蔑のまなざしに対してではないかという印象を受ける。城野口ユリは死の直前、北大開示文書研究会のメンバーに、

「もしこれ、逆だったらどうする？　あなたがたがもし、こうだったら。どう思う？　な。これがほんとのね、シャクシャインと同じ、アイヌとシャモの戦いだ。わたしはそう思っている。ぜ

ったい、負けないよ、わしは。こったらことくらいで負けてたまるかと思ってる」とも語っている。遺骨返還請求の闘いを、アイヌによる近世最大の対和人戦争「シャクシャインの戦い」（一六六九年）に例えているのである。それは遺骨の発掘問題を超えた感情であったろう。

差間《さしま》正樹は、北大が浦幌町から持ち去った六四体の遺骨の返還を求めて平成二十六年、裁判に訴えた浦幌アイヌ協会の会長である。差間自身も北大の卒業生であった。この人が同メンバーに話したことも、『アイヌの遺骨はコタンの土へ』におさめられている。

「私がこういう活動を始めたら、私の父が――まあ本当に経済的にも成功した人で、愚痴をこぼさない、それを私はずーっと尊敬していたし、『ああはなれないな』という思いで見ていたんですけど――その父が、私がこういう活動を始めたら、私の耳元にきて、『あの時（シャモに）こうされた、この時はどうされた、ああだった、こうだった』と、それはそれは、ずいぶん（苦労した経験を）しゃべるようになりました。両手をこう前に差し出して、『俺はこの手で勘定できないくらい苦労した』と。やっぱり、その言葉ですねえ。

私自身も、『勉強すればどうにかなるぞ』と、一所懸命勉強したつもりです。でも何か変なんですよね。何か、自分のまわりの人たちの自分に対する態度が変」

差間は北大へ進学したあと、全く面識のない学生から、

「何でお前みたいなのが大学にいられるんだ？」

と言われたことがあったという。

差間は昭和二十五年（一九五〇）の生まれだから、同四十五年ごろのことであろう。その一〇〇年ばかり前まで、北海道は純然たるアイヌの大地であった。和人は、そこへ土足で踏み込んできたようなものである。その子孫が、もとからの住民の子孫に、信じられないほどの暴言を吐いたことになる。

この時代には、被差別部落住民へのこんなにあからさまな侮辱は、もうとっくに影をひそめていたはずである。もし、そんなことがあれば、どんなに穏やかな者でも黙ってはいなかったに違いない。

アイヌ人骨収集問題の本質は、その方法の適否だけにあるとはいえないのではないか。

第一一章　幕末、大規模な解放闘争が起きていた　岡山県・渋染一揆

江戸時代末期の安政三年（一八五六）、岡山藩は体制のゆるみを引締めるため二九ヵ条の倹約令を布達する。その最後の五ヵ条は部落民のみを対象とする「別段御触書」であり、そこには部落民を著しくおとしめる新たな規制が記されていた。この措置に猛反発した領内五三部落の判《はん》頭《がしら》は惣寄合で調印の拒否を決め、それはやがて一五〇〇人が集合する一揆に発展する。強訴《ごうそ》の結果、別段御触書の五ヵ条は空文化され、部落側の要求は実質的に認められたが、検挙者のうち六人が獄死している。これは江戸期におけるもっとも組織的で大規模な解放運動だったといえ、その後の運動の先駆となった。

「渋染一揆」の名称は昭和三十年（一九五五）、一揆の百年祭に当たり関係者が付けたもので、もともとは「穢多渋着物《しぶきもの》一件」などと呼ばれていたらしい。いずれも、別段御触書に、渋染め・藍染め以外の着物を部落民が着ることを禁じる条項が含まれていたことによっている。

1　「衣類無紋、渋染、藍染に限り候」

幕末、全国ほとんどの藩が深刻な財政危機に瀕していた。むろん岡山藩も例外ではなく、藩は安政二年末、村々の庄屋、平百姓、皮多《かわた》百姓、町人、隠亡《おんぼう》に至るまで倹約令を触れ出す。

「皮多百姓」とは穢多の異称で、「隠亡」は葬送のことにかかわる被差別民だが、ここでは非人身分の者を指しているのではないか。あるいは、農業に従事しない穢多を意味しているかもしれない。岡山藩の穢多は、古くからの藩の方針で農業従事者が多かったことが知られている。

藩の倹約令には、「皮多百姓へは追って別段のお触れ」があるとも書かれていた。穢多身分の者たちは、何のことかと不思議がっているうち、年が明けて早々に彼らのみを対象にした五ヵ条が示達される。そこにはいろいろ回りくどい文言も含まれているが、倹約の要点は次のようなところにあった。

・衣類は紋付きを着てはならず、渋染め、藍染めにかぎること。（渋染めは柿渋で染めた茶色っぽい着物、藍染めは藍で染めた青い着物である）

・下駄は雨天のときにかぎってはき、知合いの百姓にあったら、ぬいで挨拶すること。（普段は、わらじをはけとしていることになる）

・年貢をきちんと納めている家の女子を除いて傘を用いてはならない。（蓑《みの》すなわち和式のカッパを着用するだけにせよ、の意であろう）

右を見ると、彼らは一般に「紋付き」の着物を用いていたような印象を受ける。しかし必ずしもそういうことではなく、しばしば古着を買って着ており、それに紋が染め抜かれていた場合が少なくなかったようである。

とにかく、この別段御触書に藩内のほとんどの穢多村が猛然と反発する。現在の岡山県は美作《みまさか》国（県の北東部）、備前国（南東部）、備中国（西部）からなっていた。岡山藩は備前一国と備中の一部を領有し、当時の領主は池田氏であった。そこに所在する穢多村のほぼすべて五三部落が、新規制に結束して反対していくことになるのである。

倹約令を承諾させるためには、百姓たちの「調印」を必要としたらしい。藩から別段分を受け取った一般村の名主・庄屋は、部落の判頭らを集めて伝達したうえ調印を迫る。判頭は名主・庄屋、その下の組頭・年寄につづくいちばん下位の村方役人であった。岡山藩では、穢多村から名主・庄屋や組頭・年寄は出せなかったが、判頭がいるところはあった。なお、名主と庄屋、組頭と年寄は地位、役割は同じで、ただ村ごとに異なる名称を使っていた。

部落側は、その場での調印を拒否し、それぞれの部落へ持ち帰る。そうして、安政三年正月十五日の五三部落の惣寄合で調印拒否を正式に決定したのだった。彼らの言い分は次のようなものであった。

・部落民は年貢を負担する百姓であり、また牢番や目明しなどの行刑・警察の任務を務める役人であって、差別されるいわれはない。
・ただでさえ悪条件の耕作地を与えられているのに、このうえ差別を強化されては働く意欲を失う。
・凶作の年は衣類を質入れして年貢米を完納してきたのに、特別な衣類に限定されたら、それもできなくなってしまう。
・古着の紋付き着物は安価だが、これを禁止されると、かえって出費が増える。

このもっともな指摘に藩側は答に窮しながらも、名主・庄屋たちをうながし脅迫によって調印させるように迫った。その結果、調印を受け入れる部落が相次ぐ。しかしこのとき、それまで運動の中心にいた竹田村（現岡山市中区竹田）と国守村（同岡山市北区葵町、関西町《かんぜいちょう》）に代わって神下村《こうしたむら》（同岡山市中区神下）の人びとが主導権を握る。これを機に戦術が嘆願から強訴に転換したのだった。

2　吉井河原に一五〇〇人が集結する

「別段御触書」が出た安政三年（一八五六）の六月九日になって、神下村の判頭権十郎らは、藩内の穢多村へ使者や回状を送る。それは来たる六月十三日の早朝、各部落の一五歳から六〇歳までの男子を対象に邑久《おく》郡八日市村（現瀬戸内市長船《おさふね》町八日市）の吉井河原への集結を呼びかけたものだった。岡山藩の筆頭家老、伊木《いぎ》若狭の虫明《むしあげ》陣屋へ押し出して、別段分の撤回を嘆願しようというのである。多衆をたのんで陣屋へ押しかけるのだから、実質的には強訴といってよかった。

八日市は、岡山城の東北東一五キロほど吉井川の左岸（東岸）に位置していた。そこから東へ山ひとつ越した瀬戸内海沿いの海辺、現在の瀬戸内市邑久町虫明に伊木の陣屋があった。伊木氏は、池田氏が江戸初期に岡山へ入封して以来の藩の重臣で、このときには筆頭家老の地位にいた。

当日、吉井河原へどれくらいの人間が集まったのか、はっきりしたことはわからない。渋染一揆の基本資料とされる『禁服訟歎《しょうたん》難訴記』（一九六八年、三一書房刊『日本庶民生活史料集成』第六巻所収）は、

「其数は三千計《ばか》り」

としている。

この記録は、一揆に参加した神下村の判頭の一人、豊五郎（維新後、大西姓を名乗る）が執筆したと推定され、もとは『穢多渋着物一件』の題を付けていたらしいが、のちその上に貼り紙をして右のような表題に変更している。ともあれ、当事者が三〇〇〇人としていることになる。ただし、これを多すぎるとみて一般には一五〇〇人くらいとすることが多いようである。

八日市から虫明までは、直線距離で一〇キロ余りであろう。強訴の一団は次々と河原を発し、長い行列をつくって東へ向かった。武装は一切していなかった。それでも道筋の家々は戸を閉め、窓をふさいで、住民は内にこもっていた。『難訴記』には、

「稲荷山迄一続き」

渋染一揆の強訴を主導した神下村（現岡山市中区神下）の氏神、天神一社楊田（てんじんいっしゃやないだ）神社。

とある。稲荷山は河原から四キロばかり東南東になるので、これが大げさでなかったとしたら、参加者は本当に三〇〇〇人以上いたかもしれない。

一団は、虫明の手前四キロほどの佐山村（現備前市佐山）で足止めされる。伊木の軍勢が槍、鉄砲で行く手をふさいだのである。ここで双方の談判が始まる。皮多百姓側の言い分は、初めからそう無茶なものではなかった。自分たちだけに課そうとしている新規制をやめてほしいと求めているだけのことである。それを認めたからといって、藩に実害があるわけでもない。そのあたりは伊

木の家臣たちにもわかっていた。一五〇〇人もが押しかけるとは穏やかでないが、武装はしておらず、無理に追い返せば思わぬ事態をまねくことも考えられた。そんなことが交渉に入らせたのではないか。

しかし、どんなことであれ、家臣たちの一存では何も決められない。彼らの背後には家老の若狭がおり、若狭もおそらく藩主の判断をあおがねばならなかったろう。交渉は三日二晩に及び、その間には城下へ何度か早馬を走らせ、とうとう一揆側の嘆願書を受け取ったのだった。受け取りは、暗黙の了解を意味していたと思われる。その結果に、

「一統も涙を流し一礼」

と『難訴記』が述べているからである。それで、お触れが撤回されたわけではないようだが、空文化すなわち従来どおりを黙認することにしたのである。渋染一揆は、いちおう成功裡に終わったといってよかった。

ただし、このあと穢多村側は大きな犠牲を出すことになる。一揆の指導者一二人が投獄され、そのうちの六人が獄中で相次いで病死したのである。当時の入牢生活は、それほど苛酷であったらしい。放っておいたら早晩、残りの者も同じ運命をたどることが避けられない。五三ヵ村挙げての嘆願によって、あとの六人は安政六年（一八五九）六月までに釈放されている。

3　解放闘争は、なぜ成功したか

渋染一揆が起きたのは安政三年（一八五六）である。この一二年後の一八六八年に江戸時代は

終わり、明治の世となっている。とはいえ、まだ厳格な身分制が生きつづけていた。その最下層に位置づけられていた穢多が、少なくとも千何百人といった規模で徒党を組み幕藩権力に自らの要求を突きつけた例は、ほかにはないようである。しかも、要求はいちおう通っている。これは、わが国で初めての組織的な解放闘争といってよいだろう。いったい何が、それを可能にしたのだろうか。

はっきりした理由は不明ながら、途中で運動の中心的役割を受け継いだ神下村か笹岡村の小原《こばら》（現赤磐市小原）に一人か数人の強い指導力と柔軟な思考をもったリーダーがいたことが一つ考えられる。笹岡の良平なる人物は、一揆の代表団の一人として伊木氏の役人との交渉に当たっており、さしづめ彼などがそれに相当していたのではないか。良平は前記『禁服訟歎難訴記』の筆者であった可能性もありえる。とにかく一揆や強訴の場合、どんな人物が先頭に立つかは成否を決する要素だろうが、ここではそれとは別の社会経済的な環境を取上げてみることにしたい。

既述のように、彼らは「皮多百姓」と称していた。皮多は皮田、革田などとも書き、「かわた」と平仮名で記されることも多かった。皮革生産にかかわる仕事で生活していたから付いた呼称である。「穢多」の文字が「穢れが多い」と読めるため、この語を嫌って自ら皮多、あるいは「長吏《ちょうり》」と呼ばれることを望む穢多身分の者は少なくなかったことが知られている。長吏は、主に東日本で使われていた穢多の別称である。

岡山藩の別段御触書では、皮多の下に「百姓」を付けている。「平百姓」「皮多百姓」と併記しているのである。藩が農民であることを認めていたからであろう。穢多が、もっぱら斃《へい》牛馬の解体処理と、それにもとづく皮革や肉などの利用を生業にしていたと考えるのは誤解にすぎない。江戸時代にかぎってみても、彼らはさまざまな稼業に従事していた。農業は、どの地方によらず、もっとも主要な産業の一つであった。当然、決められた年貢を納めていたことになる。

岡山藩では、とくに彼らの農民化が進んでいたらしい。『難訴記』の三一書房版の解題(原田伴彦・谷口修太郎執筆)によると、

「岡山藩では部落がほとんど農業を営んでおり、生活面では農民とあまり異ならなくなっていた」

という。

この地方での彼らの農民化が何によってうながされたのか、わたしにはわからない。しかし、いずれであれ、その年貢は藩にとっても馬鹿にならない高《たか》に達していたと思われる。やはり両氏の補注によれば、宝永四年(一七〇七)当時の岡山藩領の穢多人口は四八二二人、全農村人口の一・四パーセントに当たっていた。その後、人口が増えて明治二年(一八六九)には八七三二人へと、ほぼ倍増していた。渋染一揆が起きた安政三年(一八五六)ごろは、これに近かったろう。それが五三ほどの部落に分かれて、専一ではなかったかもしれないが、とにかく農業に従っていたのである。しかも、耕作地としては条件が悪いところが多く、彼らはそれに耐えて農作業にいそしみ、そして年貢を皆済していた。幕末、ただでさえ財政の悪化に苦しんでいた藩が、彼らの機嫌をいたずらにそこねることはしたくなかったはずである。

それは皮多百姓たちにも、よくわかっていた。彼らは強訴前の嘆願書に、自分たちは年貢を負

担する百姓であり、また行刑・警察の任務に当たる役人であって、差別を受けるいわれがないことを記したうえ、

「無紋、渋染、藍染以外の着物の着用を禁じられたら、一同は気落ちし、若い者は生きがいをなくして農業を打ち捨て、ひいては年貢の未進になりかねません」

と、やんわり「警告」しているのである。

要するに、渋染一揆は農民一揆としての性格も帯びていた。それでいて、年貢の減免を求めているわけではない。藩にしてみれば、別段御触書など一種の精神規定であった。押し通したところで実益が得られるものでもなく、見送っても実害はないと判断したのではないか。渋染一揆が成功した背景には、そのような事情があったように思われる。

4　維新後、岡山の部落を襲った惨劇

まだ封建制の江戸時代、被差別民の組織的解放闘争が展開された岡山県で、維新後の明治四年（一八七一）に布告された、いわゆる「賤民解放令」に対する反対一揆の中では最悪の死者一八人を出す事件が起きている。すなわち、わずか一五年をへだてて、被差別部落運動史の第一歩となった一揆と、そこに大きな汚点を残す弾圧とが同じ県で発生していたのである。

後者は「美作血税一揆」とか「明治六年（明六）美作一揆」などと呼ばれる。それは名称からもわかるように、渋染一揆の主な舞台となった旧備前国および、参加部落があった備中国とは違う岡山県北部の美作国でのできごとである。

明治四年八月、政府が「明治四年太政官布告第六一号」（「賤民解放令」あるいは「賤称廃止令」とも）を発すると、これに反対する「解放令反対一揆」が西日本を中心に相次ぐことになる。もとの被差別民たちが、差別に抗議したり、それを糾弾する行動に出ることに不安と不快を覚える者たちが、解放令に反発して暴力に訴えたのである。『部落問題事典』（一九八六年、解放出版社）によると、その数は明白な形をとり、相当の被害を出したものだけで二一件に及ぶという。本書の第四章で紹介した高知県の膏《あぶら》取り一揆も、その中に含まれている。

明六美作一揆は、解放令反対一揆のうちでも、その凄惨さにおいて突出していた。前記事典にしたがって経過をたどると、五月二十六日、現在の津山市街の北西八キロほどに位置する西西《さいさい》条《じょう》郡貞《てい》永《えい》寺《じ》村（現苫《とま》田《た》郡鏡野町貞永寺）周辺で、

「白装束の血取りがやって来る」

という流言と不安の中で一揆が準備され、勃発する。

血取りとは、新たに始まった徴兵制と税金の金納化を指している。このあたりは膏取り一揆にそっくりであった。つまり、新時代への不満の鬱積を背景にしていた。

一揆勢は具体的な要求や嘆願書をほとんど出さない。これも膏取りと軌を一にしている。彼らは、新政府の出先機関や、維新後に設けられた正副戸長《こちょう》役場、小学校などを襲い、焼毀しながら津山の北条県庁へ向かって進んでいく。北条県は維新後に、美作国を範囲として五年たらず置かれていた県である。部落に対しても、解放令以前の態度をとるように要求し、その旨の詫び状を出させている。結局、県庁突入は果たせず、一週間後に一揆は鎮圧されたのだった。

ところが、この間に美作一帯に波及した暴動によって、滝尾村津川原（現津山市三浦）の部落が壊滅するような事態が発生したのである。津川原は津山市街の北東一〇キロばかり、加茂川（吉井川の支流）沿いに位置して、当時は一〇二戸の民家があった。一揆側は、ここで詫び状を要求するが拒否されてしまう。それを怒って住民に襲いかかり、山中に逃れた部落の人びとを二日がかりでさがし出して虐殺したのである。しかも、それで終わったのではなく、部落の家々に相次いで火を放ち、全戸を焼失させる。そのありさまについて、『部落問題事典』が引用する「美作騒擾記」という記録は次のように述べている。

「群衆は、これ（捕らえた部落民）を加茂川の辺なる火葬場の傍なる一陣の内に押入れ、最初に半之丞を引出し、これを水溜の中に突落し、悲鳴を挙ぐるを用捨なく、鎗《やり》にて芋刺しに串貫ぬき、且つ石を投げつけてこれを殺したり。それより順次に同一方法を用ひて五人を殺し、最後の六人目なる松田治三郎に至るや、隙を見て逃走せんとし、今一歩にて加茂川に飛び入らんとする所を、後より石を擲《う》ち、これを惨殺せり。猛り切ったる群衆は、猶《なお》これにあきたらず、同部落民の家に火を放ち、半之丞の居宅並に土蔵三棟、納屋一棟を焼き払ひたるを手初めに、火は次第に次から次へと焼き移り、遂に全部落百余戸を灰燼に帰せしめ、また悲鳴を挙げて逃げ迷ふ老少婦女を捕へて、背に藁束を縛し、これに火を放ちて焼死せしむるなど、すこぶる惨虐を極めたり。この時、即死十八人、内男十一人、女七人」

被差別部落が襲撃された事件は珍しくないが、これほどひどい例はほかにちょっとないのではないか。

津川原以外でも襲われた部落があり、合わせて二六三戸が焼失、五一戸が破壊されている。ただ幸いなことに、死者は出なかったらしい。

鎮圧後には、もちろん厳しい処罰が待っていた。死刑だけで一五人に達し、何らかの処罰を受けた者は二万六九〇〇人もいた。それは北条県（旧美作国）の全戸数の半分から、だれかが刑罰の対象とされた計算になるという。

解放令反対一揆の発生地が京都府以西にかぎられていたのは、この地域では一般に部落の数も一ヵ所あたりの人口も多いため新時代への対応が早く、反差別の意識も高かったことが理由として考えられる。その分、旧来の農民側が彼らの権利にめばえた意識に強く反発して一揆にはしらせたのであろう。これに対して、東日本では少数点在型の部落が多く、解放令後も依然として布告を生かしきれず、それまでと同じ差別の中に閉じ込められていたことから、農民側も弾圧にまで及ばなかったのではないか。

5　渋染一揆の現地を歩く

わが国で初めての組織的な解放運動に参加した村々の現在の様子を知りたくて、平成三十一年の二月中旬、そのうちのいくつかを訪ねてみた。

岡山市街の北東三〇キロほど、和気郡藤野村（現和気町藤野）の部落は、渋染一揆で中心的役割を果たした皮多百姓村の一つであった。藤野は、神護景雲三年（七六九）、皇位につこうとした僧道鏡の野心をくじいたことで知られる和気清麻呂《わけのきよまろ》の出自の地である。

部落は、清麻呂らを祀った和気神社の南一キロばかりの田園地帯に広がっている。岡山県では農村部落が多いとされていたが、ここはいまもその雰囲気を失っていない。一六〇年余り前の住民が、

「われわれは年貢を納める百姓であり、差別を受けるいわれはない」

との言い分に同調したのも、ゆえあることであったに違いない。

ここからは著名な融和運動家であり、また部落史の研究者でもあった三好伊平次が出ている。三好の生家は裕福な農家だったというが、ほかの家にも大きなものが多いような印象を受ける。ただし、隣接地区にかなり大規模な県営住宅ができており、貧困層はこちらへ移っているのかもしれない。

藤野から南へ山ひとつ越した稲坪村（現和気町衣笠のうち）の部落も、ごく小規模ながら一揆では積極的に動いたらしく、『禁服訟歎難訴記』にはよく名前が出てくる。ただ、もともと戸数が少なく、いまでは混住がすすんで、ほとんど消滅状態にあるのではないか。

すでに名前を挙げた神下《こうした》村は、渋染一揆を引っ張った村だといってよい。そのせいで、投獄者一二人のうち七人が同村の者であった。神下は岡山駅から東へ六キロくらいしか離れておらず、すっかり宅地化されている。

地区の南のはずれ、百間川（旭川の分流）の堤防下に、「渋染一揆　百五十周年記念碑」と渋染一揆資料館が建っている。それには、ここが部落解放運動の発祥地であるとの自負がこめられているのであろう。神下に古い街区はわずかしか残っておらず、おおかたは岡山郊外の新興住宅

街に姿を変えつつあるように見える。

旧竹田村は、百間川が旭川から分流する地点に位置して、さらに岡山駅に近い。三キロたらずしかなく、住宅地化はいっそう進んでいる。一〇〇戸を超すはずだが、再開発および転入者との混住の結果であろう、何十年か前までの姿は全くとどめていないのではないか。

旧国守村は、一揆の初期のころ運動を主導していた。当時、戸数で最大規模であったことが一因であったろう。途中で、その立場を神下村にゆずることになるとはいえ、撤退したわけではなかった。

国守は、岡山駅から二キロたらずしか離れていない。現行の住居表示では岡山市北区葵町、関《かん》西《ぜい》町の一部になっている。地区の真ん中あたりに真言宗常福寺がある。一揆のとくに初めのころ、ここでたびたび嘆願についての話し合いが行われている。

西日本の被差別部落では、ほとんどのところが浄土真宗の本願寺派（お西さん）か大谷派（お東さん）の末寺を旦那寺にしているが、旧岡山藩領では必ずしもそうではない。国守のもう一つの成願院は真言宗醍醐派だし、竹田の妙龍寺は日蓮宗である。

国守の中心部すなわち常福寺の一帯は、小さめの民家が密集して、そのあいだの道はきわめて狭い。かつての部落の状況を述べた著作物にはよく、

「消防車も入れない劣悪な環境に置かれている」

といった記述があった。

しかし今日では、例えば神下や竹田がそうであるように、著しく改善されていることが少なく

岡山市中区神下の「渋染一揆　百五十周年記念碑」。左手の白っぽい建物が渋染一揆資料館である。

渋染一揆の初期、嘆願について、たびたび話し合いが行われた国守村（現岡山市北区葵町、関西町）の真言宗常福寺。

ない。それが国守では、もととあまり変わっていないようである。

国守は昭和十年（一九三五）当時ですでに二〇〇戸を超す、かなり大規模な部落であり、地権者は多かったろう。再開発をするにしても、その総意を得るのは簡単ではなく、また岡山市の一等地だけに、近くに代替地を求めるのも容易ではあるまい。それが、ここの改善をはばんでいるのではないか。

現在、人口密集地から遠ざかるほど、部落のインフラは一般に整備が進んでいるようである。

第一二章　「模範的糾弾闘争」の虚実　京都府、オール・ロマンス事件

第二次大戦の敗北から間もない昭和二十年代の、とくに前半は食糧難と物資不足の時代であった。そのころ粗悪紙を用いた雑誌が相次いで発行された。「カストリ雑誌」と呼ばれていた。そこには、しばしばエロとグロを売り物にする作品が並んでいた。カストリは、酒かすから造った安価な焼酎や、当時、大量に出まわっていた密造酒のことである。転じて「低劣なもの」を指す場合も多かった。

昭和二十六年（一九五一）十月、カストリ雑誌の一つ『オール・ロマンス』に「特殊部落」と題した短編小説が載った。部落解放京都府委員会は、京都市内の被差別部落を舞台にしたこの作品を「部落をヤミと犯罪と暴力の巣窟にしあげた」差別小説だととらえ、出版社にその点をただすとともに作者について調査した。その結果、作者は京都市の臨時職員で、九条保健所に勤務している男性だとわかる。同委員会は糾弾を個人にとどめず、矛先を京都市に向けた。それがのちに「各地に展開する行政闘争の模範」と解放団体が評価する活動の始まりとなる。

オール・ロマンス事件と名づけられたその糾弾闘争は、解放運動の象徴として、部落問題に多少とも関心をもつ者なら、だれでも知っている言葉になっている。しかし、「特殊部落」は本当に、そんなにひどい小説だったのだろうか。本章では、その点を取上げてみたい。

1 「戦後の行政闘争の端緒をつくる」

『部落問題事典』は部落解放同盟の研究部門「部落解放研究所」（現「部落解放・人権研究所」）が編纂し、解放出版社から一九八六年に出版されている。

その中で「オール・ロマンス闘争」には一ページ余りを割き、最後に「意義」と題して次のような一文が見える。執筆は、かつて『解放新聞』の主筆を務めた師岡佑行《もろおかすけゆき》である。「意義」部分の全文を引用させていただく。

「戦後の部落解放運動の基本的形態は行政闘争であるが、行政闘争の端緒をつくったのがオール・ロマンス闘争である。差別事件の責任を個人だけでなく、劣悪な部落の生活実態にその根拠を求め、行政の責任を緻密に、具体的に、反論の余地もないまでに説得的に〈糾弾要綱（項）〉によって追及し、大衆的な闘いを展開するなかで、市政の転換を求めたこの闘争はみごとであり、その後各地に展開する行政闘争の模範であり、今なお学ぶところは大きい」

最大の解放団体の解放同盟が、オール・ロマンス闘争にきわめて高い評価を与えていることがわかる。この運動のあらましを同事典によって略述しておきたい。

運動を主導したのは、部落解放京都府委員会の朝田善之助委員長らである。その全国組織の部落解放全国委員会は部落解放同盟の前身であり、朝田はのち解放同盟の第二代委員長に就いている。現京都市左京区田中の生まれで、京都市は地元になる。

小説のタイトル「特殊部落」がまず、解放委員会の注意を惹いたのは想像に難くない。たしか

に、このタイトルは配慮を欠きすぎている。内容についても京都府委員会は、

「ありふれたエロ・グロ・活劇物であり、カストリ小説である。しかも作者の悪らつな差別意識は安っぽい博愛主義でカムフラージュして、部落をヤミと犯罪と暴力の巣窟にして売り物にしている」

ととらえた。

朝田委員長らは、東京のオール・ロマンス社を訪ね、「小説の差別性をただした」という。これに対して版元が、どんな答え方をしたのか、はっきりしない。そもそも同社がどんな出版社だったのかも、今日ほとんど知られていないようである。カストリ雑誌は、せいぜい数号で廃刊されることも多く、すぐ題号を替えて再刊し、また廃刊といったことを繰り返していたらしい。朝田らにとって、糾弾の相手としては不足だったのではないか。だが、上京は無駄ではなかった。作者のペンネーム「杉山清一」が、実は京都市の職員だと判明したからである。京都へ帰ったあと、杉山に執筆の動機をただすと同時に、京都市長に会い京都市の責任追及に乗り出す。

当時、市長は高山義三《ぎぞう》であった。高山は弁護士でもあり、大正十五年（一九二六）の「小笛《こふえ》事件」（京都市の平松小笛宅で起きた女性四人の変死。小笛による無理心中だった可能性が高い）で起訴された小笛の愛人男性の弁護に当たり、無罪を勝ち取ったことで知られていた。「特殊部落」への糾弾が始まる前年に、当時の社会党公認で京都市長に当選している。高山は当然、責任は杉山個人にあるとの態度をとった。

これに対し、京都府委員会側は激しく反発して、

「高山市長は差別行為を一個人の行為と限定し、一切の責任を転嫁せしめようとするのであるが、その意図そのものが、部落に対する無関心、したがって彼の優越性を意味するものであり、それは同時に市政の部落に対する差別性を告白したものということができる」

と批判する。

それはやがて、市内数ヵ所の被差別部落住民たちのデモや抗議に発展し、さらに京都市議会でも取上げられることになる。高山市長は譲歩する形で、

「オール・ロマンスに表れました差別問題は単なる杉山なる一吏員の問題とは考えておりません。これはやはり根本的に私どもは深く考えねばなりませぬ」

と市議会で答え、「差別される実在の存在」を「取り除くという面で考慮したい」との方針を示した。

しかし府委員会は、やや抽象的なこの答弁に満足せず、翌昭和二十七年に入って、高山市長糾弾のビラ二万枚を市内に配布する一方、オート三輪に乗った宣伝工作隊が市内の各部落で街頭宣伝を行うなどした。その結果、京都市は同年度の同和対策予算として四六〇〇万円を組むことになる。これは例年の五〇〇―六〇〇万円からの大幅増額であった。ただし、インターネットなどには少し違った数字を載せた書き込みもある。当時の京都市の予算について、もっと正確な調査がされているのではないか。ただ、いずれであ

雑誌『オール・ロマンス』に載った「特殊部落」の第１ページ。朝田善之助所蔵本より。

っても、本章で書こうとしていることに大きな影響はない。

2 登場人物は、ほとんどが朝鮮人である

昭和二十年代の日本は、本当に貧しい国であった。今日の中年以下の人たちには、もう想像もつかないだろうが、町にも村にも乞食があふれ、どの川の、どの橋の下にも小屋が建っていた。普通の橋の下どころか、河原にも急ごしらえの粗末な小屋が並んでいる場所が少なくなかった。普通の家々も、しばしば情けなくなるほど小さく、みすぼらしかった。被差別部落の住まいも住環境もおおかたは、それに輪をかけて劣悪であったろう。

改善には金がいる。いくら「差別される実在の存在を取り除くという面で考慮」しても、それだけでは屁のつっぱりにもならない。その意味で京都市の同和対策予算が、オール・ロマンス闘争を境に急増したのは、部落解放運動としては大きな勝利であったといえる。解放団体が「行政闘争の模範」と評価するのも当然かもしれない。

しかし、その発端となった文書が、たしかに差別的であったのかどうかも、評価に含めて考える必要があるのではないか。オール・ロマンス事件の名は早くから著名であったが、そこに載った「特殊部落」という小説に目を通すことは長いあいだ簡単ではなかった。別に発売禁止になっていたわけでもなく、だれかが買い占めていたのでもない。カストリ雑誌は、だいたいは読み捨てられる性質の出版物であった。大事に保管しておく読者は、めったにいなかったはずである。粗悪紙を使っており、もともとが長期保存に適しておらず、古書市場でも入手が難しかったらし

い。所有している図書館も、ほとんどなかったのではないか。わたしなども、できることなら読んでみたいと思いながら、ずっとそれを果たせずにいた。

ところが現在では、それがすぐにできる。インターネットで「オール・ロマンス事件」を検索してみれば、「特殊部落」の全文が出てくるからである。出所は「朝田善之助所蔵本」となっている。これは『朝田善之助全記録6』（一九八九年、朝田教育財団）からの引用のようである。

わたしは部落史、部落問題の研究者ではなく、『全記録』のことは八年ほど前まで知らなかったが、とにかく「特殊部落」を一読してみて意外な気がした。その理由の第一は、この短編小説に登場する人物のほとんどが朝鮮人だという点にある。主人公の医師、鹿谷浩一は父が朝鮮人、母が静岡県出身の日本人だが、その恋人の純子（朴純桂）はどぶろくの密造で生活する朴根昌の娘であった。作中にえがかれた、もう一つの恋愛も純子の姉、泰子（朴泰麗）と河合芳太郎（金芳成）とのあいだに設定されている。その朝鮮人たちはみな、京都府最大の被差別部落、柳原（東七条とも。現在は崇仁地区の名になっている）で暮らすか、ごく近いころまで暮らしていた。鹿谷の医院も、その隣接地にあるとされていて、小説の舞台は京都駅の東隣、柳原にほぼ限局されるといってよいだろう。それなのに、圧倒的多数を占めていたはずの日本人部落民は、ほとんど出てこない。わずかに、図越《ずこし》利一《いち》をモデルにした人物が

明治32年（1899）、現在の京都市下京区下之町に設立された柳原銀行の建物。被差別部落の住民が、そこの住民のためにつくった日本で唯一の銀行だった。

「図越親分」「図越の親分」の実名で登場するにすぎないのである。図越は柳原の生まれで、のち暴力団「三代目会津小鉄会」の会長になる。

これでは、「特殊部落」が差別小説だったとしても、問題にすべきは朝鮮人差別ということになりはしないか。しかし、部落解放京都府委員会は、もっぱら部落差別の作品にしてしまい、朝鮮人のことには触れていなかった。その態度は、少なくともフェアといえまい。かつて、この小説に目を通すのが困難だったことを考えると、なおさらその感が強くなる。実際、歴史家の金静美（キム・チョンミ）は早い時期から、

「京都府連は、朝鮮人差別を意図的にかくすことにした」

と批判していた。

さらに、府委員会は、この小説を「ありふれたエロ・グロ・活劇物」だとしているが、どんな意味においてもエロは全く表現されていない。それを期待してページを繰った読者は、がっかりしたのではないか。

グロと活劇については評価が分かれるかもしれない。わたし自身は、そんな印象は受けず、この作品の描写は全体におとなしすぎるように感じた。

3 「特殊部落」は差別小説といえるか

杉山清一作品に不適切な点があることは間違いないと思う。まず、そのタイトルである。どこのだれであれ、自分が住む地域を「特殊部落」などと言われて聞き捨てにできるはずがない。こ

の言葉は、本文中にも三ヵ所ほど見えている。
ほかにも、もっと配慮すべきであった文章は、たしかにある。

・でも、あなたのお家は立派なんでしょ。私の処は、今じゃ柳原の部落者ですわ。（純子が恋人の浩一の求婚に答えた言葉）

・特殊部落に盤踞する鮮人仲間でも、金力を持つことでは指折りの男だったから、企業を経営しながら部落の賤民をうるほし、人望を一身に集めていた。（純子の父、朴根昌についての説明）

・なんでもえゝで、部落者だけ止めとこ思ひますねん。そのためにはパンパンでもかまへんで、ひとり食べんならん思うとるのでっせ。（純子の姉、泰子が図越親分につぶやいた言葉）

・なるほどな。部落者よりパン助の方がましかいな。（図越親分の泰子に対する言葉）

鴨川にかかる塩小路橋。小説「特殊部落」が発表されたころは木造で、小説の舞台の一つになった。

などである。

これらは、小説が設定した前後の状況や、作者が小説に込めた意図を考慮しても、なお表現として問題があるのではないか。

ただし、ここで使われている「部落」は実は、「鉄橋を渡った河原附近は東七条になる。この附近一帯は所謂《いわゆる》柳原と呼ばれる広大な特殊部落のあるところ」と書かれている被差別部落そのもののことではなく、あくまでその一角を占めていたらしい「朝鮮人部落」を指している。だから、作品の差別性を糾弾するには、まず朝鮮人差別を取上げるのが筋ということになる。だが、右のような文章はあるにしても、全体として朝鮮人を差別的に表現した小説といえるのかどうか。むしろ、逆である印象さえ受ける。

・今、連れ込まれたのが朝鮮人だったので、浩一は同胞愛を喚起して、損得をはなれて脈をとった。慎重に診察した結果が、痛風の発作と分って、患部に温罨法《おんあんぽう》をして、アトファニールの筋肉注射を射った。（夜、警察が浩一の医院へつれてきた柳原住民の扱いを説明したくだり）

・それがなんです。私たちの恋愛の障害にはなりません。民主的社会に階級の差別はない筈です。新しい時代の曙が来たんです。（「私の処は、今じゃ柳原の部落者ですわ」という純子に対する浩一の言葉）

・どんなことがあっても、純子さんと結婚して見せる。特殊部落の者でもいゝ。私は時代の先駆者になって見せる。さう心に誓ひながら、浩一は純子のあとを追った。

・崇高な芳太郎の犠牲は、全部落の人たちに感銘を与へ、老若男女の区別なく、協力一致して努力した結果が、漸く水魔から部落を救ふことが出来た。（加茂川の洪水から近くの塩小路橋を守ろうとして命を落とした芳太郎についての描写）

などの文章に、それがうかがえる。

また、「特殊部落」には、

・部落のために、人種を超越した人道のために、浩一をしてなにものをも顧ずに、医療班で活躍を続けさせる結果となった。

というような表現も出てくる。これは、多くの人がカストリ雑誌に抱いているイメージから、かなり離れたものではないか。

京都府委員会が「悪らつな差別意識は安っぽい博愛主義でカムフラージュして」と攻撃するのは、おそらく右の五ヵ所あたりを含んだ部分であろう。しかし、技巧上の「青っぽさ」といえるようなところはあるかもしれないが、これをカムフラージュと決めつけるのは無茶なように思われる。

ともあれ、「特殊部落」は部落解放京都府委員会が高山義三市長と京都市を糾弾する象徴に位置づけられる。そうなると、もう内容など問題にもされない。それは何としても「差別小説」でなければならなかった。

作者の杉山清一にも、言いたいことがあったに違いない。だが、押し寄せる糾弾闘争の前では無力であった。秦重雄『挑発ある文学史』（二〇一一年、かもがわ出版）によると、昭和二十六年十一月二十三日付け『夕刊京都』に、

「まことに申訳ないの一語につきる。これは一年程前に執筆したもので、地名、人名などをききかじりのまま小説として作りあげたもので、何の気なしに書き、ボツになっていると思っていた。題名は私がつけたが、まくら文句や編集者が削ったところも多い」

という杉山の談話が載っているという。

「何の気なしに」小説が書けるはずがない。また、内容を見ても、そんな感じは受けない。杉山には、「何を言ってもも聞いてはもらえまい」というあきらめがあったのではないか。

4　六一年後の差別文章とくらべて

ペンネーム杉山清一の「特殊部落」が、雑誌『オール・ロマンス』昭和二十六年（一九五一）十月号に発表されてから六一年後の平成二十四年（二〇一二）、『週刊朝日』の十月二十六日号に「ハシシタ　奴《やつ》の本性」と題した記事が載った。

筆者は佐野眞一と週刊朝日取材班となっていた。佐野は著名なノンフィクション作家であり、取材班として同誌の二人の記者の名が書いてあった。「ハシシタ」とは当時、日本維新の会代表で大阪市長だった橋下徹《はしもと》のことである。記事は全六ページ、連載の第一回とされており、タイトルからもわかるように橋下批判の論調に貫かれていた。いや、批判というより罵倒に近いといってよいだろう。例えば、

・この男は裏に回るとどんな陰惨なことでもやるに違いない。
・橋下の言動を突き動かしているのは、その場の人気取りだけが目的の動物的衝動である。
・オレの身元調査までするのか。橋下はそう言って、自分に刃向かう者と見るや生来の攻撃的な本性をむき出しにするかもしれない。

といった具合である。そのあからさまな言葉遣いは、とても「特殊部落」どころではない。

わたしは当時、タイトルを含め、インターネットの匿名の書き込みとえらぶところがない文章が、巨大な発行部数の週刊誌に、おそらく無修正で掲載されたことに一驚したおぼえがある。しかし、わたしがここで取上げたいのは、その文体や橋下へのいささか感情的な攻撃についてでは

ない。「ハシシタ　奴の本性」は、まごうことなき差別文書だという点である。

そこではまず、日本維新の会の旗揚げ会場で会った人物の次のような言葉が紹介される。

・橋下さんの父親は水平社あがり（被差別部落出身）で、それに比べて母親の方は純粋な人やと思う。

これはもちろん、取材相手の発言である。だが、相手が言ったことなら何でも、そのまま文章にすることが許されるわけではない。右で「純粋な人」とは、「被差別部落の出身ではない」の意に違いない。そうであれば、部落出身者はいやでも「純粋ではない」となる。このあと、橋下の実父、之峯が大阪府八尾市安中《やすなか》町の部落の生まれであることが述べられる。

実父は、もと暴力団員で、橋下が幼いころガス管を口にくわえて自殺した話も語られるが、この点は橋下が公人であることを考えると、ただちにけしからんともいえないかもしれない。より大きな問題は、之峯の旧知の者による、

・橋下がテレビで相手をめちゃめちゃ言うて負かしてしまうのは、ピッキャン（之峯のあだ名）の血や。

の言葉であろう。これでは、橋下は部落出身のヤクザの血を受け継いでいるから、あんなもの言いをするのだ、としているにひとしい。そもそも実父の自殺は橋下がもの心つく前のことだといい、筆者もそれを知っていたのだから、血がどうのこうのは見当はずれではないか。末尾近くには、

・これはまごうことなく中上健次の世界だな、と思った。

とも見えている。中上は和歌山県新宮市の被差別部落で生まれた小説家である。中上は、その作品中にしばしば自分が育った部落のことを書いている。したがって、右のくだりは橋下の「本性」と実父の出自を結びつけた表現だと受け取られても仕方あるまい。

雑誌の発売からほどない十月十九日、版元の朝日新聞出版は二回目以降の掲載打ち切りを発表するが、同日、佐野は、

「記事中で同和地区を特定したことなど、配慮を欠く部分があったことについて遺憾の意を表します」

というコメントを出す。しかし、記事の最大の問題点は同和地区を特定したことにあったのではないと思う。

自治体の史誌類の中には、域内の被差別部落について実名を使って詳細に記した例は珍しくない。ほかにも、同様のことが述べられている文字記録はいくらでもある。公刊された文献だけで、各都府県内の同和地区をすべて、あるいはほとんど明らかにできる場合も二、三にとどまらない。だからといって、それらは差別文書として扱われてはいないのである。要は、どんな態度や意図で執筆されたかであろう。

部落報道が、現今のメディアでタブー視されている現実は、たしかにある。規模が大きくなるほど、その傾向は強まり、さながら「さわらぬ神にたたりなし」を決め込んでいる感がする。佐野には、そのありように一石を投じるつもりがあったかもしれない。そうだとするなら、「配慮を欠く部分」のため掲載が中止されたのは残念なことだった。

部落解放同盟は「ハシシタ　奴の本性」に対し、組坂繁之委員長名で抗議文を発表している。しかし、オール・ロマンス事件のときのような糾弾闘争になることはなかった。これは、「ハシシタ」の随所にむき出しの差別表現が出てくることを考えてみれば、不思議なことだといえる。

5　作者杉山清一のその後

「戦後行政闘争の模範」とされるオール・ロマンス闘争の恰好の標的になった「特殊部落」の作者、杉山清一は大正八年（一九一九）、京都市の生まれだというから、小説が発表された当時、数えの三三歳であった。彼は、激烈な糾弾の嵐に巻き込まれて、ほどなく京都市役所を辞している。杉山は、その後どんな人生を送ったのだろうか。

その足跡を追った人物が、少なくとも二人いる。『探偵作家追跡』（二〇〇七年、日本古書通信社）などの著者、若狭邦男と前記の秦重雄である。わたしは杉山について取材をしたことは全くないので、ここでは主に秦の『挑発ある文学史』によって杉山の後半生を紹介しておきたい。余談ながら、わたしはずっと調査をつづけているサンカの件で、秦から重要な参考資料の提供を受けたことがある。

杉山は京都市の商業学校を卒業したあと銀行に就職する。昭和十九年（一九四四）に退職、京都市の臨時職員になったのは同二十五年だった。戦後間もなく、江戸川乱歩が会長を務める探偵作家クラブの、京都では唯一の正会員となっていた。杉山には次のような作品があった。

- 「裸女殺人事件」　一九四七年一〇月〜四八年三月

・「連続殺人事件」　一九四九年二月～一〇月
・「爬虫館殺人事件」　一九四九年一一月
・「肉仮面殺人事件」　一九五〇年三月～四月
・「観月荘殺人事件」　一九五〇年一〇月
・「人魚の魔窟」　一九五一年五月
・「夢殿殺人事件」　一九五一年一〇月～一二月
・「性転換工場」　一九五二年一月
・「埃及《エジプト》屋敷の惨劇」　一九五二年二月
・「女豹」　一九五二年五月～六月
・「渦状星雲」　一九五二年八月
・「鬼火」　一九五三年一月～三月

これらは、いずれも「覆面作家」または「杉山清詩」の名で、オール・ロマンス社の雑誌『妖奇』（のち『トリック』と改題、一九五三年四月に終刊）に掲載された。オール・ロマンス事件後も筆を折っていないことがわかる。ほかにも作品は多く、右にほぼ重なる六年間に合わせて六六の小説を発表しているという。昭和二十年代半ばの流行作家の一人だったといえるのではないか。秦は「執念の駄作作家」の賛辞を呈している。

しかし、生活は必ずしも楽ではなかったらしい。杉山は平成十一年（一九九九）に八〇歳で死去しているが、その三年後に杉山の長男を訪ねていった秦に長男は、

「事件の時は私は四、五歳で何も知らない、両親とは別居していたこともあって、かつてそのようなことがあったようだという感じで、父から直接何か聞いたことはない。父は市役所を辞めて中小企業を転々とした」

と語ったそうである。

おそらく、カストリ雑誌に毎月のように小説を発表しても、原稿料はたいしたことがなく、だから市役所に勤めていたのであろう。そこでの安定した収入を失い、あとは「中小企業を転々」として糊口をしのぐ暮らしをつづけたのではないか。

秦が杉山の遺族にたどり着く前、平成元年に杉山本人に会って話を聞くことができた若狭邦男に対して、杉山は別れ際、

「私のことは忘れて下さい、何もかも失ってしまいました」

とつぶやいたという。

おわりに

お読みいただいたとおり、本書は差別と弾圧にかかわる事件あるいはできごとを集めて一冊の本にしたものである。

書きおわってみて、これらを引き起こしたのは、単なる差別意識というより群集心理ではなかったかとの思いが強く残った。差別が存在する社会であっても、ふだんはそう露骨な形で表面化することは少ない。ところが、何かの拍子に衆をたのんで行動する状態に置かれると、重し蓋がとっぱらわれて、ごく善良な地域住民が残虐な殺人者に一変してしまう。その距離は、どうやらさして遠くはない。ひょっとしたら、それはだれもが簡単に飛び越えられる小さな溝のようなものでありえる。この辺に差別と、それを生み出した人間社会の怖さがあるのではないか。

過去の事件史をつづってみても、それで同種事件の再発を防げるわけでもない。人間とは、もっとやっかいな動物である。しかし、歴史を振り返ることは、何かを考える際、いくらかは視野を広げる効果はあると思う。と柄にもないことを書きつつ、気持ちはやっぱり現実にもどる。とくに近年、本書のような出版物は売れ行きが芳しくないらしい。通常なら、おそらく世に出ることはあるまい。それを考えると、上梓を引き受けていただいた河出書房新社と、そこで作業に当たっていただいた関係者のみなさま、とりわけ編集の重要部分を担当いただいた同社企画編集室室長、西口徹氏に心からの感謝を申し上げます。

令和元年五月

著者識

筒井 功
（つつい・いさお）

1944年、高知市生まれ。民俗研究者。
元・共同通信社記者。正史に登場しない非定住民の生態や民俗の調査・取材を続ける。著書に、『漂泊の民サンカを追って』『サンカ社会の深層をさぐる』『サンカと犯罪』『サンカの真実　三角寛の虚構』『風呂と日本人』『葬儀の民俗学』『新・忘れられた日本人』『日本の地名―60の謎の地名を追って』『東京の地名―地形と語源をたずねて』『サンカの起源―クグツの発生から朝鮮半島へ』『猿まわし　被差別の民俗学』『ウナギと日本人』『「青」の民俗学―地名と葬制』『殺牛・殺馬の民俗学―いけにえと被差別』『忘れられた日本の村』『日本の「アジール」を訪ねて―漂泊民の場所』『アイヌ語地名と日本列島人が来た道』『賤民と差別の起源―イチからエタへ』『村の奇譚 里の遺風』などがある。第20回旅の文化賞受賞。

差別と弾圧の事件史

二〇一九年 六 月二〇日　初版印刷
二〇一九年 六 月三〇日　初版発行
著　者――筒井 功
発行者――小野寺優
発行所――株式会社河出書房新社
〒一五一‐〇〇五一
東京都渋谷区千駄ヶ谷二‐三二‐二
電　話――〇三‐三四〇四‐一二〇一〔営業〕
〇三‐三四〇四‐八六一一〔編集〕
http://www.kawade.co.jp/
組　版――株式会社ステラ
印　刷――株式会社暁印刷
製　本――小高製本工業株式会社
落丁本・乱丁本はお取り替えいたします。

ISBN978-4-309-22778-8
Printed in Japan

筒井 功・著

賤民と差別の起源

イチからエタへ

市が立ちそうもない山間部に、
なぜ、「市ノ瀬」などの、
「市」地名が多いのか？
「イタコ」「イタカ」「ユタ」
などにも派生した「イチ」という言葉に
「エタ」の語源を見出し、差別の根源を
呪的能力者賤視に探る。

河出書房新社